AF366991

Segunda edición: julio de 2022
© Copyright de la obra: José Manuel Pagán
© Copyright de la edición: Angels Fortune Editions
Código ISBN: 978-84-124916-6-1
Código ISBN digital: 978-84-124916-7-8
Depósito legal: B 3286-2022
Corrección: Juan Carlos Martín
Diseño y maquetación: Cristina Lamata
Ilustración portada: «El sueño», José Manuel Pagán
Autor fotografía contraportada: Carlos Lázaro
Edición a cargo de Mª Isabel Montes Ramírez
©Angels Fortune Editions
www.angelsfortuneditions.com

EL PESO DEL VACÍO

José Manuel Pagán

Notas del autor

«El peso del vacío», además de una entrañable novela, es casi una partitura musical. Está escrita con el diseño de una *fuga*. Un relato coral en el que los personajes, como los diferentes «motivos» de una composición barroca, transcurren en paralelo, hasta confluir en los llamados «estrechos», para desembocar unidos en un poderoso final.

Esta historia nos habla de la cualidad transformadora de la música, que va a ser vivida por cada uno de los lectores como algo único y personal; un impulso que, como un viento repentino, nos transporta a lugares tan enigmáticos que apenas podemos intuir, pero que, a través de la narración, se convierten en una inesperada realidad en nuestro interior.

A través de la vida de un pianista profesional, un cotizado concertista de música clásica, nos internamos en un universo poblado de emociones, amor y misterios ocultos, que se irán desvelando poco a poco, como un perfume que nos va abriendo a nuevos placeres que desearíamos no acabasen nunca.

1

Londres, otoño de 1992.

Amanece. Hace rato que estoy despierto… La luz que empieza a filtrarse por la pequeña ventana de la habitación, me provoca una inquietud desconocida y tensa. Es domingo y la ciudad todavía duerme. El silencio se va abriendo paso, espeso y oscuro… está lleno del peso del vacío y el vacío no tiene color.

Tengo la extraña certeza de que algo muy importante ha cambiado en mí esta noche. Sé que no soy exactamente yo quien permanece quieto con la vista fija en el techo y una sensación de profundo malestar en el estómago. Hay un punto que me quema en la espalda, un latido rítmico que va penetrando cada vez más profundamente, hasta tocarme el corazón. Me siento ajeno y desvalido, sin apoyo. A pesar de que todo mi cuerpo está tendido en la amplia cama de dos plazas, siento que floto, que estoy acostado sobre una extraña nube, que en cualquier momento me dejará caer y me perderé en un mundo desconocido y hostil.

Lo más perturbador es la certeza de que mi mente no me pertenece... Posee una vida propia que no puedo controlar, que afecta profundamente todos mis actos, mis percepciones y mis deseos.

Unas horas antes...

—¿Cómo está el público?

—El auditorio está lleno a reventar, Michel. Hay una expectación enorme por oírte tocar. Están receptivos y rendidos de antemano, puedo olerlo. Hoy tendrás un éxito apoteósico, rotundo, total... Prepárate, quedan cinco minutos, acaba de sonar el último aviso.

Para el concierto de hoy he preparado un repertorio a conciencia. Toda la primera parte es el viejo Bach: tres suites inglesas y seis preludios y fugas de «El clave bien temperado», libro segundo. La segunda parte es variada: Ravel, Shostakovich y para terminar una de las obras más difíciles y aclamadas de mi repertorio: los «Tres movimientos de Petrushka», de Stravinsky.

Tocar en Londres es siempre una maldita y agotadora bendición. Solo doy tres conciertos, todos ellos con las entradas agotadas.

Yo, Michel Loupin, puedo considerarme el pianista suizo más famoso de la historia, el mejor pagado, el más deseado y el menos comprendido de entre mis colegas. El público me quiere, saben que complaceré con creces las enormes expectativas que han puesto en mí, pero qué poco conocen sobre lo que realmente ocurre en mi interior.

Miro mis manos... las conozco bien. Están educadas para ser fuertes y ágiles a la vez, flexibles e intuitivas. Cuando toco no pienso, ellas lo hacen por mí. Todo mi yo está en cada uno de esos diez dedos que acarician cada tecla con diferente intensidad, con la precisión de un mecanismo de relojería. A veces mis manos se me aparecen en sueños. Solo ellas. Las veo con una nitidez extrema, viviendo en un mundo aparte de mí. Han ido madurando con el tiempo. En este momento están en esa plenitud expresiva y lúcida que me infunde tanto respeto como asombro. Solo quedan unos instantes para empezar el concierto. Les doy un suave masaje. Antes las he sumergido en agua tibia con sal durante diez minutos. Estoy completamente solo en el camerino. Respiro con cuidado y trato de relajarme.

Hay algo que me preocupa en el concierto de hoy... el piano. He pedido un Bösendorfer. El Steinway con el que toqué el año pasado en esta misma sala no me gustó. Estaba afinado, limpio, impecable, pero no conseguí perderme en él como en un bosque encantado. No pudimos hacer el amor de verdad, olvidándonos de quién es quién... el Bösendorfer es más rústico. Me recuerda a las altas montañas de mi Suiza natal, cuando se reflejan en el lago Lemán. En los ensayos se ha puesto de mi parte. Ha dejado que explorase sus entrañas más íntimas, aunque no desde el principio. La primera media hora hemos medido nuestras fuerzas cada uno. Yo he buscado sus secretos más profundos y él ha opuesto una deliberada resistencia, hasta que se ha rendido. Entonces me ha dejado hacer y ha sacado los registros más dulces y profundos que puede producir un instrumento. En ese momento nos hemos amado durante dos horas, como si no existiese nada más en el mundo.

Golpes en la puerta... tengo que salir, es la hora...

—¡Has estado maravilloso!... ¡seis propinas!... nadie había tocado así Petrushka. La gente ha enloquecido. Vamos a tener que subir el caché un diez por ciento. Por favor Michel, esta vez sí... la prensa quiere verte...

—Sabes que no concedo entrevistas.

—Te lo suplico Michel, hoy es especial, es el estreno de los tres conciertos... hacía un año que no pisabas Londres.

—No Peter, no insistas. Diles algo tú. Sabes que después del concierto no puedo ver a nadie, apenas puedo soportarte a ti. Por favor, déjame solo y que nadie me moleste.

Peter hace un gesto de negación con la cabeza y sale del camerino.

Me miro las manos, están temblando. Ahora están exhaustas, pero hay un extraño resplandor en ellas. Han cambiado. Cambian imperceptiblemente en cada concierto, pero yo las conozco bien. Me siento agotado y sin embargo más vivo que nunca. Un enjambre de pequeñas abejas se ha apoderado de mí, como de un panal. Recorren mis brazos, mis piernas, el pecho, se meten por mis arterias, entran en el estómago y zumban en mi cabeza tratando de encontrar el poco néctar que me queda.

Ha transcurrido más de una hora y no consigo recuperarme... no puedo levantarme de la butaca que gentilmente han preparado para mí. Sé que el personal del auditorio me está esperando para cerrar y Peter tiene que acompañarme al hotel. También los organizadores deben estar esperando respetuosamente para saludarme y felicitarme... pero yo no me puedo mover. Mi cuerpo no me pertenece y mi mente vaga por la sala, como una polilla en busca de algo de luz.

Zúrich, invierno de 1975.

Oscurece con lentitud sobre Zúrich. Hace un frío terrible y la copiosa nevada que empieza a cuajar sobre las húmedas calles, obliga a los pocos peatones a caminar deprisa, en busca de algún lugar caliente donde refugiarse.

Karl Heinzel aún está en la pequeña relojería donde trabaja. Hoy ha sido un día tranquilo, tan solo tres personas han entrado en la tienda y únicamente ha conseguido una venta, pero ha podido dedicar casi todo el día a arreglar un antiguo reloj de péndulo que se le está resistiendo, tal como esperaba. Es un reloj magnífico. El cliente, un hombre mayor que lo ha traído con ayuda de su nieto, le había dicho que era una herencia familiar.

Está construido con madera de tilo y bellamente decorado con hojas de acanto. Desde luego es muy antiguo. Su viejo mecanismo se había parado de pronto, después de años de funcionamiento preciso y constante. Su dueño le había preguntado a Karl si creía que podía darle vida otra vez. Por aquella expresión, le pareció que aquel anciano amaba aquel reloj como a una persona de la que se había enamorado de joven y habían envejecido juntos. La parada imprevista del reloj le recordaba la proximidad de su propia ausencia.

—Es un magnífico reloj. Desde luego que haré todo lo posible por arreglarlo, herr...

—Reiner, Johan Reiner. ¿Cuándo cree que podría estar?

—Ahora mismo no se lo puedo decir, depende de lo que me encuentre cuando lo abra. Déjeme su teléfono y le llamaré lo antes posible.

El hombre le miró con una sonrisa de agradecimiento, le estrechó la mano y salió con un movimiento pausado ayudado por su nieto.

Karl llevaba manejando relojes desde los 13 años. Su padre, propietario de esta pequeña tienda, por desgracia había muerto joven. Solo tenía 39 años cuando un conductor borracho fuera de control se subió a la acera y lo arrastró quince metros matándolo en el acto. Karl tenía 17 años y tomó las riendas del negocio familiar. Su padre antes de morir le había inculcado su amor por los relojes. Le había enseñado todo lo que sabía y él lo había absorbido todo con fruición. Adoraba a su padre y habría hecho cualquier cosa para complacerle.

Su madre era otra cosa. Nunca se recuperó del accidente de su esposo. Se descompensó mentalmente y desde entonces dejó de hablar. Karl la cuidaba en silencio. La casa se convirtió en un lugar de tristeza. Su única satisfacción era la otra pasión de su padre, que desde bien pequeño le había enseñado a conocer y amar: la música. En especial la música clásica y dentro de ella la música para piano.

Mientras con sumo cuidado abría el reloj, y se concentraba en su admirable mecanismo, sonaban las «Variaciones Goldberg», con Glenn Gould al piano.

La música del Barroco, en la que todas las partes encajan a la perfección, era su preferida. Su padre le dijo una vez que una fuga del gran Bach era el sublime control de una locura.

—Fíjate Karl, una de las partes más importantes de un reloj se llama fuga y es la que controla cualquier impulso arrítmico del tren de engranaje.

Karl estuvo toda la noche trabajando en el reloj. Desmontó y limpió todo el mecanismo. Descubrió que el problema estaba en el *meulle*, aquella lámina larga de acero templado, enrollada en espiral, que da vida al reloj y le hace funcionar. La pieza estaba desgastada por los años y había que cambiarla. Tendría que fabricarla él mismo. De un reloj tan antiguo ya no se encontraban recambios.

Era noche cerrada cuando salió de la tienda en dirección a su casa, en la Weinplatz, 14. Su madre ya se habría acostado y en la cocina tendría algo preparado para cenar.

Karl sintió un leve estremecimiento al contacto con la fría oscuridad y la blanca alfombra que le mojaba los zapatos, pero no aceleró el paso para llegar a casa. No hace falta correr, cuando nadie te espera.

2

Ginebra, primavera de 1976.

Michel subió de tres en tres los escalones de la HEM, la Haute École du Musique de Ginebra. Sabía que si algo sacaba de quicio a su profesor era que un alumno llegase tarde.

—Lo siento mucho, *monsieur* Prodini... he tenido...

—Cállese y saque las obras, no me haga perder más tiempo.

—Claro señor, enseguida.

—Primero escalas y arpegios en Do sostenido Mayor y La bemol menor. Y rapiditos.

Michel sabía que aquellos tonos llenos de alteraciones eran un claro castigo por llegar tarde y que Prodini estaba de bastante mal humor.

Leo Prodini había sido uno de los más grandes pianistas de su época y aún era reconocido como una mente musical privilegiada. Ahora, ya con más de 80 años, prefería permanecer en la acogedora Ginebra, a tener que viajar dando conciertos por todo el mundo. Su carácter se había ido agriando con el tiempo, pero para un estudiante brillante de 20 años era un privilegio y un honor tenerlo como profesor. Michel había tenido que luchar para conseguir que le admitiese en su clase, porque Prodini tenía el poder de ser muy selectivo con sus alumnos. Era la condición que había puesto para aceptar el cargo en la HEM.

Cuando Prodini le oyó tocar la «sonata en Si bemol, Deutch 960» de Schubert, vio algo en él que le hizo aceptarlo de inmediato. Tenía una buena técnica, pero sobre todo una gran personalidad en la interpretación. Michel aquel día había logrado matices muy delicados, casi transparentes. Sobre todo en el segundo movimiento, que se ajustaba a la perfección al concepto que tenía Prodini de la última sonata del maestro vienés. Sin embargo, el viejo profesor jamás mostraba complacencia con sus escogidos alumnos, más bien procuraba ponerlos en situaciones difíciles de soportar para poner a prueba sus nervios.

—Ser concertista es la profesión más arriesgada y difícil del mundo —les decía—, un desliz en tu concentración y todo el edificio se viene abajo. El público y la crítica no perdonan los errores. Pueden acabar contigo en veinticuatro horas si tienes un mal día.

El profesor, de espaldas al piano, miraba por la ventana la tarde lluviosa y fría, pero Michel sabía que le estaba escuchando atentamente, mientras tocaba la «polonesa en La bemol» de Chopin. De pronto le interrumpió bruscamente:

—¡No está respirando, Loupin!... Por mucho que toque todas las notas, si la respiración no acompaña a la música, esta tampoco respira, y por tanto no existe el movimiento tensión–relajación. El ritmo de la interpretación viene dado por su forma de respirar. Y, ojo, no me refiero a sus malditos pulmones, son sus manos las que deben hacerlo. Si la respiración es pobre, su impulso vital se empequeñece y aparecen las dudas, porque se está autojuzgando constantemente. Funciona como una persona que se escucha a sí misma mientras habla. En cambio, si respira bien, desde el vientre, ya no puede estar en el mental, en el juicio analítico. Aparece el no–consciente y la música surge desde la profundidad de su cuerpo. Esto es hacer música, lo otro es bla, bla, bla… Vamos, otra vez desde el principio.

Después de dos horas de una intensidad casi eléctrica, Michel bajó apresuradamente las amplias escaleras de l'École agotado y tembloroso. Por dentro su cuerpo bullía de excitación y en su mente se agolpaban pensamientos compulsivos:

—Este maldito Prodini es el cabronazo más insoportable que he conocido en mi vida… lo terrible es que aprendo más con él en una hora, que en un año con mis anteriores profesores…

Decidió pasar por el Café de l'Opéra y tomar algo para tratar de volver a sentirse él mismo, porque Prodini tenía la virtud de lograr extraer de él una faceta que le era desconocida, pero a la vez enormemente valiosa, porque inundaba su cuerpo de una energía que no podía definir, una pulsión instintiva que se traducía en unas interpretaciones excepcionalmente poderosas. Le fascinaba esa transformación, pero le desconcertaba. No se reconocía, no era realmente él quien tocaba. Era como si su cuerpo supiese perfectamente lo que tenía que hacer. Solo había que dejar que tomase el control.

Prodini le hacía ver que una vez que la obra está aprendida, hay que «desprenderse» del mental, de sus juicios, de sus miedos, de su análisis banal. Había que crear un gran vacío y dejar que la música fuese como un río, aguas que fluyen, que limpian, que se deslizan solas. Y el mecanismo para conseguirlo estaba en la respiración.

El viejo Café de l'Opéra estaba próximo a la HEM y era el punto de reunión de los estudiantes de música de Ginebra. A esa hora de la tarde estaba lleno a rebosar y se respiraba esa energía joven que olía a sudor, vitalidad y alegría.

No había ni una mesa libre, pero Michel vio a Hervé y a Pau sentados junto a la ventana conversando animadamente y se unió a ellos. Ambos estudiaban cello, estaban en el último año.

—Joder, Michel, ¡qué careto!... ¿acabas de ver un cadáver o qué? —dijo Pau ofreciéndole una silla—. Vale, otra vez el viejo loco, ¿verdad?... Te dije que no le hicieses caso, está como una cabra, pero todos los genios lo están.

—Te lo tomas demasiado personal —dijo Hervé—, lo importante es que de sus clases puedes sacar mucha chicha. Muy poca gente tiene una visión musical tan aguda como él.

—Lo sé perfectamente Hervé, pero no puedo evitarlo, me destroza emocionalmente cada vez que le veo. Me está cambiando por dentro. No paran de surgir cosas nuevas: texturas, matices, coloraciones cambiantes que vivían en mi interior y yo desconocía completamente, y eso me desconcierta. Y sé que se está reflejando cada vez más en cómo interpreto. Incluso Bach suena diferente, ¿no os parece increíble?

—Si te está cambiando para superarte, le tendrías que dar las gracias en vez de ponerte tan tenso —dijo Pau—.

¿Sabes la pasta que paga la gente a los psicólogos para mejorar?

Todos rieron.

—Prodini es un sabio —dijo Hervé—. Cuando los demás se pierden, él es capaz de encontrar soluciones creativas.

—Exactamente —dijo Pau apurando su cerveza—. Me recuerda al sufí errante del cuento.

—¿Qué cuento?

—El del camellero, creía que os lo había contado.

—No lo recuerdo —dijo Michel.

—¿Queréis oírlo?

—Anda Pau, desembucha.

—Pues dice así: «Una vez había en Arabia un hombre viudo, que vivía en el desierto con sus cuatro hijos y su rebaño de camellos. Cuando murió había dejado escrito en su testamento, que el rebaño se repartiese entre sus hijos de la siguiente manera: al mayor, la mitad del rebaño. Al segundo, un cuarto. Al tercero, una octava parte, y al cuarto, una décima parte. Cuando murió, en el rebaño había treinta y nueve camellos. Los hermanos empezaron a calcular y fueron incapaces de ponerse de acuerdo. Empezaron a discutir entre ellos acusándose unos a otros, hasta que vieron a lo lejos a un derviche errante, un hombre sabio que viajaba a lomos de su camello. Fueron corriendo a pedirle que les ayudase a resolver el problema. El maestro comprendió lo que ocurría y les dijo:

—Os ayudaré y además os regalo mi camello.

Los hermanos le dijeron que no podían aceptar tanta generosidad, pero él insistió y al final accedieron. Así el rebaño pasó de treinta y nueve a cuarenta camellos.

El maestro empezó a dividir el rebaño, tal y como había indicado el padre. Así, al mayor le dio la mitad de los cuarenta, es decir: *veinte*. Al segundo, un cuarto del rebaño: *diez*. Al tercero la octava parte, que son *cinco*. Y al pequeño la décima parte de cuarenta, o sea: *cuatro*.

Entonces sumaron: 20+10+5+4= 39. El maestro dijo:

—Ah, veo que sobra uno, justamente el mío. Como ya tenéis repartidos los treinta y nueve no me necesitáis. Así que cogió su camello y despidiéndose siguió su camino». Eso es lo que hace Prodini, encuentra soluciones donde otros no las ven.

Michel y Hervé rieron y aplaudieron a Pau, que levantó su jarra con aire triunfante y bebió un buen trago. Luego dio un cariñoso golpe en el hombro a Michel:

—Venga Michel, tómate algo y olvida a ese viejo vampiro observando la cantidad de bellezas que nos rodean —dijo Pau describiendo un círculo con el brazo, mientras entornaba los ojos a causa de su miopía—. Son tan guapas que parecen inalcanzables, sobre todo para un tipo no muy agraciado como yo. Pero no pierdo la esperanza; algún día escalaré el Olimpo y me casaré con una de estas diosas.

—Amén —dijo Hervé sonriendo—. Pero tráete un buen jersey, en el Olimpo hace un huevo de frío. Lo sé, porque hace poco estuve allí con Afrodita.

El camarero puso una rebosante cerveza delante de Michel.

—A la salud de la escuela más exasperante y cabrona de Europa, de la que incluso el insigne Franz Liszt fue profesor —dijo Michel levantando su jarra.

Los tres brindaron entre risas.

3

Ginebra, junio de 1983.

La orquesta de la Suisse Romande era la orquesta sinfónica más prestigiosa del país. Creada en 1918 por el mítico director Ernest Ansermet, que la dirigió durante 49 años, había llegado a ser considerada como una de las cinco mejores orquestas europeas.

Cuando Raquel Buffetti se presentó a la oposición para una de las dos plazas de violín que habían quedado vacantes, estaba segura de que no lo conseguiría. Se presentaron ochenta y nueve violinistas de todo el mundo, incluyendo los asiáticos con su prodigiosa técnica.

Raquel tenía 22 años recién cumplidos. Había llegado a Ginebra directamente desde Roma para presentarse a esta oposición. Admiraba profundamente a Ansermet, a quien consideraba uno de los directores más equilibrados y de mayor personalidad de todos los tiempos y, aunque el director actual era Horst Stein, la huella que el viejo maestro había dejado en la orquesta aún permanecía. Especialmente cuidada y armoniosa era la sección de cuerda, de la que ella admiraba la perfecta sonoridad y compenetración.

El examen era terrible. Había que superar tres fases que se extendían a lo largo de casi un mes, en que el tribunal ponía a prueba todos los recursos del aspirante.

Después de la primera selección, únicamente treinta de los ochenta y nueve violinistas lograron pasar. A partir de la segunda, solo diez, entre ellos estaba Raquel.

El día definitivo se presentó en el Victoria Hall de Ginebra, donde la orquesta tenía su sede, a las nueve de la mañana. Llevaba puesto un vestido azul que ensalzaba su bonita figura y que le dejaba una gran libertad de movimientos. Su brillante melena negra azabache estaba recogida en una trenza, para que nada estorbase el contacto con su violín. Con años de ahorro y el apoyo de su familia había conseguido su sueño: un violín Bernd Hiller, que era más que un instrumento; era su amigo, su compañero inseparable, su confidente y el mensajero de sus sentimientos más profundos. Construido con maderas noruegas con veinticinco años de almacenaje, el sonido que brotaba de su caja armónica de picea era tan claro y translúcido como la resina y la miel.

Raquel extrajo con sumo cuidado su instrumento del estuche y se colocó en posición. Miró al tribunal y les saludó con una leve inclinación de cabeza.

—Puede empezar, señorita Buffetti.

Cuando las primeras notas de la «partita en Re menor BWV 1004» de Bach empezaron a llenar la sala de audiciones, Raquel se olvidó por completo de que aquello era un examen y que había un jurado atento a sus menores fallos. Con los ojos cerrados, perdida en una tenue oscuridad, se sumergió en la inmensidad de aquella música, en la poderosa vibración que arrancaba el arco a las cuatro cuerdas de aquel instrumento que amaba y dejó que el sonido la poseyera y la emocionara hasta perder la consciencia.

Cuando terminó estaba agotada. Tardó unos minutos en recuperarse y miró al tribunal. Los tres miembros la observaban fijamente en silencio. Le pareció notar el leve brillo de una lágrima en los ojos de la presidenta, cuando con voz trémula se dirigió a ella:
—Muchas gracias, señorita Buffetti.
Raquel se detuvo un momento para mirar a su Bernd Hiller y le dedicó una suave caricia de agradecimiento. Lo guardó con delicadeza en su estuche y salió despacio de la sala.

A los dos días el tribunal la llamó. ¡Lo había conseguido!... Su sueño se había hecho realidad. Estaba admitida en la orquesta. Además, para colmo de su dicha, le habían asignado el puesto de segundo violín, ayudante del concertino. No podía creerlo…
A la salida de la reunión con el tribunal corrió por las calles de la ciudad, con su estuche en la espalda llorando de alegría. Buscó una cabina y telefoneó emocionada a sus padres en Roma. Se iría enseguida para allá y lo prepararía todo para empezar una nueva vida en Suiza.
Los ensayos comenzaban dentro de una semana.

4

Zúrich, invierno de 1975.

Karl Heinzel, el relojero, había dormido mal esa noche. Cuando llegó a casa, ya de madrugada, apenas había probado la cena que su madre le había dejado en la cocina y se había metido enseguida en la cama. Se despertó inquieto varias veces, a causa de ciertas visiones que le habían angustiado durante el sueño, pero que después, cuando despertaba, no lograba identificar. Eran las siete en punto cuando se levantó de aquella cama que había usado desde pequeño y se duchó con agua muy caliente para despejarse un poco.

Se hizo un desayuno de tostadas con mantequilla y café y entreabrió la puerta del dormitorio de Anne, su madre. Aún dormía, o quizá solo lo aparentaba. Karl cerró la puerta con cuidado.

A las siete cuarenta y cinco en punto bajó las escaleras y desde el portal observó la calle un instante. Estaba nublado y la acera conservaba la nieve de la noche anterior. Hoy también haría frío. Zúrich no le gustaba. Era el centro financiero del país y él la encontraba demasiado grande y ruidosa.

De joven le gustaba más. Su padre le había enseñado los lugares más bonitos de la ciudad. Habían ido juntos a pasear por el río Limmat, desde donde se divisaban orgullosas las altas montañas de los Alpes. Se habían tomado un magnífico chocolate y cruasanes calientes, en el café que estaba junto al cabaret Voltaire. Su padre le había explicado que allí Tristan Tzara había creado el movimiento cultural Dadá, que revolucionaría el pensamiento artístico.

Sin su padre, la ciudad había perdido todo su atractivo. Karl no tenía amigos. Se había convertido en una persona solitaria. Desde joven, la necesidad de estar cada día en la relojería atendiendo al público había condicionado de una forma definitiva su vida social. Había dejado los estudios con 17 años y la tienda fue su único territorio. En ella, el recuerdo de su padre aún permanecía. Le gustaba estar allí. Las herramientas de trabajo, el mostrador, los diferentes modelos de relojes, el olor de los productos de limpieza de los mecanismos y hasta aquel viejo cuadro de los Alpes. Todo le recordaba a su padre y le hacía sentirse bien.

También conservaba los discos de vinilo que había heredado, perfectamente ordenados y limpios, en una estantería de madera. Todos ellos clasificados por épocas, desde la música del Renacimiento, hasta compositores contemporáneos. Pero la sección más importante y extensa era el Barroco y dentro del Barroco, Bach.

Mientras caminaba hacia la tienda se cruzó con una brigada de operarios que limpiaban de nieve las aceras. El campanario de la iglesia de St. Jakob le recordó que ya eran las ocho y quince. Estaba a solo cinco minutos de la relojería.

Era un negocio humilde. Una pequeña tienda con fachada de color crema y un mínimo escaparate sobre el que se podía leer: Relojería Heinzel. En el interior, un mostrador de sólida madera con una vitrina de cristal donde se exponían relojes de pulsera y, distribuidos por las paredes, una colección de variados relojes esféricos y de cuco, que ocupaban prácticamente todo el espacio disponible. Dos antiguos relojes de péndulo que eran de la colección privada de su padre, y que no estaban a la venta, decoraban dos rincones del local.

Con mucho esfuerzo, su padre había podido adquirir aquel humilde comercio, después de ahorrar durante los años en que aprendió el oficio, primero como aprendiz y más tarde como operario, en una famosa relojería de Zúrich. Le contó que apenas pudo estudiar, porque tuvo que empezar a trabajar a los 14 años. Sin embargo, no lo decía con tristeza, había aprendido a amar los relojes y realizar su sueño: tener un negocio de su propiedad.

Levantó el cierre metálico, desconectó la alarma y abrió la puerta. Había un orden impecable, como siempre, pero echó una ojeada para comprobarlo. Fue hacia la habitación y encendió la luz del taller. Allí estaba desmontado y vulnerable el viejo reloj de péndulo que tenía que componer. Lo observó con respeto. Era un delicado reto devolver la vida a ese bello objeto, que ahora dependía de sus manos para volver a latir. Le gustaba considerarse casi un cirujano y este paciente, a pesar de su grave enfermedad, tenía que seguir viviendo.

Se pasó toda la mañana construyendo el *meulle* nuevo, pero era una pieza difícil, de mucha precisión. Tardaría al menos otro día más en acabarlo.

A las doce cuarenta salió de la tienda y se dirigió a su casa. Cuando llegó, la mesa estaba puesta y su madre salía de la cocina con una antigua sopera que dejó sobre la mesa.

—Hola mamá.

Anne no contestó, pero miró a su hijo durante un momento. No se besaron, hacía tiempo que no había contacto entre ellos. Él recordaba bien los ojos de su madre antes del accidente. Eran de un bello color azul profundo y limpio, que destacaba sobre un rostro equilibrado y sereno. Después de la muerte de su padre sus ojos se apagaron, ya no miraban. Un velo de tristeza los cubrió para siempre, convirtiéndolos en un espejo sin brillo.

Comieron en silencio. Karl observó a su madre, que tomaba la espesa sopa con la mirada fija en el blanco plato de porcelana y sintió una profunda pena por ella. Cuando murió su padre, Anne se había ido con él. Seguía aquí, pero su vida no tenía ningún sentido y ella lo sabía. Ni siquiera la presencia de su propio hijo había podido aliviar su dolor. Karl sabía que su madre le quería, pero no demostraba ningún afecto, porque no podía. Los muertos ya no pueden amar.

Acabaron de comer y Karl llevó los platos a la cocina. Su madre se levantó y se fue despacio hacia su cuarto. Cada día, después de comer, se estiraba en la cama un rato. Karl sabía que antes de tumbarse miraría un momento la foto en blanco y negro que reposaba en la mesita de noche: Anne y Fred sonrientes, jóvenes y enamorados, poco después de su boda.

Se sentó en el viejo sillón frente al tocadiscos y sacó un disco perfectamente conservado, a pesar de que la portada estaba algo descolorida por los años: los conciertos de violín de Bach por Isaac Stern. Empezó a sonar el concierto en Mi Mayor. El segundo movimiento era para él la descripción más bella y serena de un atardecer de invierno lleno de melancolía. Cerró los ojos y se dejó transportar por aquella música, que se deslizaba como un arroyo tranquilo y armonioso.

De improviso sonó el timbre de la puerta.

—¡Frau Rose!

—Hola Karl. He pasado a traeros un poco de pastel. Hoy es mi cumpleaños. Estoy sola, ya sabes, y he pensado en que quizá querríais compartirlo conmigo.

—Claro Rose, pase. Claro que sí. Anne está durmiendo ahora, pero haré un té y nos tomamos juntos este delicioso pastel. Le dejaremos un trozo a ella para más tarde.

La señora Rose vivía en el piso de enfrente y era la única persona con la que mantenían algún contacto. Rose era mayor, hacía mucho que se conocían. Ella y su marido habían sido amigos de sus padres y Karl sabía que le preocupaba el estado de Anne. De vez en cuando se dejaba caer con alguna excusa, por si podía ayudar en algo.

Karl trajo la tetera y platos de postre.

—Qué maravilla de pastel —dijo él.

—Gracias corazón —a veces le llamaba así—, lo he hecho yo misma. Aún puedo hacer algo. Ya ves, es un strudel.

—Tiene una pinta estupenda. Y... ¿cuántos años cumple, Rose? Si no es indiscreción —dijo Karl con una sonrisa.

—Ay hijo, hasta los 70 es una indiscreción preguntarle la edad a una mujer, pero a partir de esa edad, casi agradecemos que lo hagan, así podemos comentar lo bien que nos conservamos o en todo caso hablar de nuestros achaques. Lo importante es charlar de algo con alguien. Por desgracia, el único ser con quien hablo es mi periquito Tintín y de vez en cuando con vosotros. Para que lo sepas, cumplo 84.

—Vaya, se la ve magnífica.

Hubo un momento de silencio. Rose miró a Karl con expresión preocupada, mientras este servía el té.

—¿Cómo está Anne?

—Bueno, no muy bien. Creo que cada vez un poco más alejada de todo. Como ya sabe, Rose, poco a poco ha ido dejando de hablar y ahora ya apenas dice nada, solo algunos monosílabos de vez en cuando.

—Me acuerdo que antes ella salía a hacer la compra. Se obligaba a ello. Incluso alguna vez fuimos juntas y eso le hacía relacionarse un poco y hablar. ¿Cómo lo hacéis ahora?

—Bueno, ahora ya no quiere salir. Ha ido perdiendo la ilusión por todo. Nos traen la comida a casa cada semana del supermercado. Siempre lo mismo. Yo hice la lista con un poco de todo y la vamos repitiendo mes tras mes.

Rose cortó el pastel y le sirvió a Karl.

—Este pastel, por ejemplo. No sabe, Rose, la gran novedad que supone en nuestra monótona dieta. Me gustaría cambiar la lista, pero no tengo más remedio que adaptarme a lo que ella es capaz de preparar ahora y no son muchas cosas, sopa, básicamente.

—Si yo pudiese hacer algo sabes que lo haría, ¿verdad corazón?

—Lo sé Rose, claro que sí, pero Anne ha decidido que este mundo ya no le interesa y está en otro lugar, un refugio inaccesible y silencioso, donde solo están ella y mi padre. Ni siquiera yo puedo entrar.

Rose miró a Karl con cariño. Tenía los ojos húmedos.

Estuvieron charlando un rato más. Luego Rose le dio un beso, se despidió, le dio muchos recuerdos para Anne y volvió a su casa.

Karl se quedó en silencio. Pensó en cómo habría sido todo, si aquel día su padre se hubiese retrasado cinco minutos, y aquel conductor borracho no hubiese coincidido con él.

Miró la hora. Tenía que ir a la tienda. El viejo reloj le esperaba. Se puso la bufanda y el abrigo y salió a la calle.

5

Ginebra - Lausana, junio de 1983.

Se había acabado la vida de estudiante. Michel había cumplido los 27 años y había terminado con brillantez los estudios de perfeccionamiento y virtuosismo en la HEM. La relación con Leo Prodini, a pesar de que había sido difícil al principio, había mejorado mucho en los últimos años. Michel se dio cuenta de que el viejo profesor le estaba abriendo un camino que nadie más podía mostrarle y le permitía descubrir quién era él realmente como músico. En cuanto al carácter de Prodini, decidió seguir los consejos de Irving Berlin, quien una vez dijo que la vida era un diez por ciento de lo que te pasa y un noventa por ciento de cómo reaccionas a ello. A partir de esta actitud todo fue mucho mejor. Hasta le tomó afecto al viejo gruñón, e incluso llegó a entrever en alguna ocasión que el gran Leo Prodini se preocupaba realmente por él y por su carrera.

Cuando se separaron, Prodini le dio sus últimos consejos:

—Loupin, ahora ya está usted formado como pianista y será un gran intérprete si es usted mismo. No trate de imitar a nadie, ni se compare con ningún otro. Cada uno de nosotros somos únicos. Encuéntrese por dentro, hasta llegar a donde nadie ha llegado. Si descubre ese tesoro, entonces podrá tocar de verdad.

Le estrechó la mano y simplemente dijo:

—Buena suerte Loupin.

—Adiós profesor.

Michel se quedó observando cómo aquel hombre excepcional se alejaba de él con paso cansado. De pronto, para sorpresa de Michel, Prodini se volvió y con una cara que quería ocultar su emoción le gritó:

—¡Y manténgame informado!

A los dos días cogió el tren en dirección a Lausana. La etapa de Ginebra había sido emocionante y difícil a la vez. Le había sido muy útil también para darse cuenta de lo mucho que le costaría abrirse camino en el mundo de los concertistas de piano. El universo entero estaba lleno de pianistas increíbles, la competencia sería feroz, pero estaba decidido a conseguirlo. En Ginebra había estudiado unas ocho horas diarias, a partir de ahora estudiaría diez. Solo descansaría los domingos. Se miró las manos. En ellas estaba todo su futuro.

A través de la ventanilla se manifestaba ya el principio del verano y el bello paisaje que discurría ante sus ojos abarcaba todas las tonalidades del verde, resaltadas por el azul cobalto del cielo. Se sintió feliz.

Había telefoneado a su familia para decirles que llegaba hoy. Su madre iría a buscarle. Su padre era el propietario de una tienda de antigüedades en el barrio viejo de Lausana y a esa hora de la tarde tenía que estar en ella. Selene, su madre, era una cotizada acuarelista.

Procedente de una familia de la alta burguesía de Berna, había conocido a su padre, Jacques, en una subasta de arte en el Sotheby's de Londres. Al cabo de un año se casaban. Era paisajista. Su manera de pintar era rápida, suelta y colorista. Sus cuadros representaban pequeños pueblos, montañas y grandes prados cubiertos de flores. Los cielos era lo que más le gustaba a Michel, y los paisajes nocturnos, en los que la luna, quizá por el nombre de su madre, tenía un protagonismo especial.

—Cariño, ¿cómo estás? —le abrazó con fuerza—. Ya veo, delgado y con una ropa horrible… mañana vamos a comprarte algo decente.

—Hola mamá. Tenía ganas de verte.

Ella le cogió del brazo.

—Anda, Mishi, tomemos un café antes de meternos en el coche y me lo cuentas todo. Hace tanto tiempo que no nos vemos.

Arrastrando las dos pesadas maletas llenas de ropa, recuerdos y partituras, se sentaron en una de las cafeterías de la estación.

Michel le fue explicando todo lo que le venía a la cabeza: la HEM, Prodini, las aventuras del piso que compartía con otros estudiantes, las interminables horas de estudio en la sala que tenía que alquilar en la rue St. Paul para poder trabajar con un piano de cola decente, un conato de noviazgo con una estudiante de oboe que al final no funcionó y sobre todo la madurez interpretativa y la solidez técnica que sentía ahora.

Selene miraba sus bellos ojos grises y le escuchaba atenta. Estaba orgullosa de Michel y le quería de verdad, con un amor profundo que no le impedía dejarle volar. En los últimos cuatro años su hijo solo había venido un par de veces a casa, pero ella nunca se lo reprochó.

—Mamá, ¿cómo está Claire?

Su hermana, dos años mayor que él, se había casado hacía unos años con un empresario sueco y vivían en Estocolmo. Tenían dos hijos.

—Está bien, Michel, pero ya la conoces, es bastante desapegada. De todas maneras, nos llama de vez en cuando y nos envía fotos de los niños. Dice que procurarán venir esta Navidad.

—Me alegro —dijo Michel—. Mañana la llamaremos, ¿de acuerdo?

—Claro hijo. Pero qué guapo estás.

El flamante Audi plateado recorría silencioso las empinadas calles de Lausana. Atravesaron el puente Bessiers y el Chanderón. Dejaron atrás el bosque de Sauvelín y salieron de la ciudad. Su casa estaba en las afueras. Era un gran caserón de principios de siglo, que había pertenecido a la familia de Selene y que habían comprado a un precio razonable, antes de que Michel naciera.

Atravesaron el cuidado jardín y aparcaron delante de la gran puerta de roble. Su padre, que había oído llegar el coche, les esperaba en las escalinatas.

—¡Papá! —se abrazaron.

—Cuánto tiempo, Michel. Te he echado mucho de menos.

—Y yo también a vosotros, pero ya sabes, ha sido un camino que tenía que recorrer. Ahora soy un verdadero pianista. Me siento preparado para dar conciertos.

—Desde luego. Y no te preocupes, vas a tocar muy pronto. Ahora que estás aquí empezaré a mover algunos hilos, ya verás. Bueno, entremos.

Selene se dirigió a su hijo con un travieso brillo en sus ojos:

—Mishi, deja aquí las maletas y subamos arriba.

Los tres ascendieron por la elegante escalera de madera oscura que conducía a las habitaciones del primer piso.

—Tu habitación está tal como la dejaste. Pero la hemos pintado de nuevo, aunque del mismo color.

—Y ahora mira… —dijo su padre.

Entreabrió la puerta de la espaciosa habitación contigua, mientras sus padres se miraban y sonreían.

Michel cruzó la puerta y se quedó petrificado. Un flamante piano de cola Steinway & Sons estaba colocado en medio de la sala.

—Es el regalo de fin de carrera.

Los tres se abrazaron. Michel no podía decir nada. Estaba llorando, apretado contra sus padres. Siempre recordaría aquel momento como uno de los más felices de su vida.

6

Ginebra, septiembre de 1983.

El director Horst Stein estrechó la mano de Raquel y le dio la bienvenida a la orquesta. La presentó a los otros músicos como el miembro más joven, pero no por eso el menos brillante de la agrupación. Ocuparía el cargo de ayudante de concertino. Era el tercer cargo más relevante, después del director y del concertino. Le invitó a decir unas palabras.

Raquel se levantó con timidez y desde su atril saludó a sus compañeros con una sonrisa.

—Hola a todos. Soy Raquel, aunque todo el mundo me llama Ra. Solo quiero que sepáis que no podía ni imaginar que algún día formaría parte de la Suisse Romande, la orquesta que más admiro y que he seguido desde pequeña. El sueño más importante de mi vida se acaba de cumplir. Os pido un poco de paciencia si al principio cometo errores, pero os aseguro que pondré todo mi empeño en estar a la altura de todos vosotros. Agradeceré cualquier consejo que queráis darme y podéis considerarme una amiga y una compañera. Buscaré la manera de dar lo mejor que tengo, para que la orquesta siga siendo la admiración de Europa. Gracias a todos.

Un aplauso y sonrisas acogieron sus palabras.

Ser ayudante de concertino era un cargo de prestigio y responsabilidad y Ra sabía que podía despertar cierto recelo que lo ocupase una chica tan joven, pero les demostraría que podían confiar en ella.

El primer violín, su compañero de atril y concertino, era un joven ruso, Yuri, que le había caído simpático desde el primer momento. Como responsable de la orquesta, tenía a su cargo la preparación y afinación de los instrumentos antes de que viniese el director, el control de las partituras y la cohesión y comunicación entre todos los miembros de la orquesta. Y aunque nunca le había pasado, también entraba en sus obligaciones la sustitución del director, en caso de que este sufriese alguna indisposición y tuviese que abandonar el concierto.

Después de escuchar las palabras de Ra, Yuri aplaudió de la manera en que lo hace la cuerda: golpeando con suavidad en el atril con el arco. Le dedicó una gran sonrisa y se ofreció a ayudarla en todo lo que necesitase. Le deseó que estuviese tranquila y confiada, y le hizo notar que, como sin duda comprobaría, en aquella orquesta se respiraba un ambiente de gran camaradería. Ra se lo agradeció con otra sonrisa.

El primer ensayo de la temporada empezó con «El Moldau» de Smetana, una obra que ella admiraba, tanto por sus bellos temas como por la brillante y variada forma de describir el transcurso de un río, desde su nacimiento hasta su solemne entrada en Praga.

La sección de madera empezó a imitar el movimiento del agua, cuando el Moldava es tan solo un arroyo de montaña. Flautas y clarinetes suben y bajan creando remolinos y transparencias, jugando como lo haría el agua a través de un verde prado.

Cuando entró el tema principal cantado por toda la cuerda, Raquel se estremeció. El bello *leitmotiv* sonaba como nunca lo había escuchado. Dulce, profundo y brillante a la vez. La emoción nubló sus ojos y casi no podía distinguir las notas de la partitura, pero no importaba, se la sabía de memoria. Yuri se dio cuenta y le sonrió. Se embrujó con aquel joven arroyo que va creciendo como un ser vivo, que se transforma y enriquece a través de su propio viaje y atraviesa Praga convertido en un inmenso río. Una poderosa imagen que se pierde en el horizonte, mientras la orquesta dibuja la lejanía y la distancia.

Se sintió feliz, enamorada de aquella música y de aquella orquesta que la llevaba en volandas hacia la belleza más sublime.

Con la Suisse Romande su vida había cambiado para siempre.

Ra había alquilado un sencillo piso en un barrio popular de Ginebra. Era una vivienda pequeña, pero suficiente para ella; de momento no podía permitirse nada mejor, porque aquella ciudad no era precisamente barata en cuestión de alquileres.

El piso tenía dos habitaciones y un salón comedor, además de la cocina y el cuarto de baño. Estaba amueblado con sencillez, pero tenía todo lo necesario, ya que ella únicamente había traído de Roma su ropa y su violín.

Una de las habitaciones la había insonorizado con paneles de corcho, para poder estudiar el instrumento sin molestar a los vecinos. Era un cuarto piso, con un estrecho y viejo ascensor, y aunque las habitaciones eran interiores, el comedor tenía una gran ventana de madera, con una bella vista de la parte antigua de la ciudad; era una zona de la casa muy luminosa, con una claridad que enamoró a Ra enseguida y fue lo que la decidió a quedárselo.

Cada uno de los rellanos de la escalera contaba con tres pisos, todos ellos modestos como el suyo. En el poco tiempo que llevaba allí había conocido a algunos de sus vecinos, la mayoría de ellos inmigrantes.

En el segundo piso vivía una familia italiana con la que hizo enseguida buenas migas. El *signore* Carmelo, su mujer Rita y sus cuatro hijos, de edades comprendidas entre los 3 y los 11 años, que dormían en literas y un sofá cama doble en el comedor.

El señor Carmelo amaba la ópera italiana más que nada en este mundo y cuando se enteraron de que Ra era violinista la invitaron de inmediato a degustar con ellos unos maravillosos *fetuccinni* cocinados por «la mamma» y a escuchar al señor Carmelo entonar a pleno pulmón varias arias para tenor de Verdi, Puccini, Rossini y hasta Leoncavallo.

Los vecinos conocían perfectamente las aficiones de Carmelo y, como ponía tanto entusiasmo y se arrancaba en horario prudencial, nunca habían protestado; en realidad les encantaba.

—El violín es un instrumento *bellissimo* —le dijo el primer día Carmelo a Ra—, pero nada es comparable a la voz humana, porque es un instrumento hecho de carne y sangre. La voz no puede engañar. Puedes ver el alma de una persona a través de *la sua voce*.

El piso de enfrente, el 4º A, el más alejado de su casa, parecía desocupado; nunca había escuchado movimientos ni sonido alguno, pero en el del centro del rellano, el 4º B, contiguo al suyo, sí que había percibido en ocasiones, ruidos y unas voces con una extraña entonación que se filtraban a través de la pared, a pesar de ser un edificio antiguo y con muros bastante anchos. No sabía quién podía vivir allí, porque nunca había coincidido con esas personas, quizá por su propio horario o porque hacían una vida muy centrada en ellos mismos.

Una tarde había empezado a practicar escalas y arpegios durante su estudio diario del violín, cuando a través de la pared de corcho de la habitación le sorprendieron unos gritos desgarradores que no parecían humanos. Se detuvo de inmediato y trató de escuchar a través del tabique. A pesar de la insonorización del cuarto, aquellos alaridos procedentes del piso contiguo eran tan aterradores, que Ra se quedó paralizada y estremecida, sin saber qué hacer.

Tan repentinamente como habían comenzado, los pavorosos gritos cesaron y se hizo un extraño silencio

Ra no pudo seguir estudiando, su oído no había escuchado jamás unos sonidos como aquellos y le era imposible identificar quién o qué podía emitirlos. No sabía qué hacer. Pensó en bajar al segundo piso y preguntar a Rita o Carmelo; quizá ellos podrían decirle algo de lo que ocurría en aquella casa, pero recordó que justamente esos días estaban en Italia por un asunto familiar.

Decidió salir a dar un paseo para quitarse esa inquietud que le anudaba el estómago y le impedía estudiar. Estuvo dando vueltas por el barrio sin rumbo fijo. No podía quitarse aquellos gritos desgarradores de la cabeza. Finalmente regresó a casa para cenar. Desde la calle trató de vislumbrar si había luz encendida en aquel piso, pero daba a la parte interior del edificio y no pudo distinguir nada.

Subió en el desvencijado ascensor a su casa. A medida que se acercaba, se le encogía el estómago al imaginar el profundo dolor que debía sentir quien emitía aquellos alaridos. Se sintió aterrorizada. ¿Por qué había tenido que coincidir ella precisamente con unos vecinos así? Se estremeció al pensar que solamente estaban ella y aquella gente en el rellano.

Antes de entrar en su piso, hizo acopio de valor y acercó el oído a la puerta del 4º B. No se oía nada, más bien un silencio impenetrable y extraño que lo envolvía todo.

Entró en su casa, se hizo algo rápido de cenar, leyó un rato y se fue a dormir con un malestar en el cuerpo que no había podido sacudirse.

Esa noche estuvo dando vueltas en la cama sin poder conciliar el sueño. Aquellos sonidos se habían clavado profundamente dentro de ella, porque denotaban un sufrimiento atroz.

Le fue imposible relajarse, hasta que empezó a vislumbrarse la primera luz del alba.

En aquel momento se quedó dormida.

7

Taller de la relojería, Zúrich, 1975.

Karl había pasado la tarde anterior y toda la mañana de ese día arreglando el viejo reloj de péndulo. Con sumo esfuerzo y meticulosidad había podido construir un *meulle* nuevo. Después había limpiado a fondo todo el mecanismo y lo había montado pieza por pieza. No había tenido que sustituir otros componentes. Al ser un reloj tan antiguo, todas las piezas estaban hechas de la mejor calidad. Ahora ya no se construían mecanismos así.

Diez minutos antes de la hora de cerrar, el señor Reiner vino con su nieto a recoger el reloj. Karl le había telefoneado a las nueve para decirle que estaría listo a última hora de la mañana.

—Buenos días.

—Buenos días, herr Reiner.

—Lo ha conseguido, ¿eh?

—Pues sí. No le diré que ha sido fácil. Era una avería de mucha envergadura, una pieza fundamental, el *meulle,* que es la vida del reloj. He tenido que construirlo yo mismo, porque este no es un mecanismo de serie, es una pieza única, que no tiene recambios. Construir un *meulle* nuevo requiere mucha paciencia y habilidad, por eso el presupuesto que le di es elevado.

—No me importa lo que cueste. Para mí este reloj significa mucho. Le agradezco de verdad el interés que ha puesto en este asunto. Seguramente otra persona me hubiese aconsejado tirarlo, porque no se podía arreglar.

—Es una verdadera obra de arte, creo que aún puede durar muchos años.

El señor Reiner pagó el importe de la reparación, estrechó la mano a Karl y le dijo con un susurro:

—No sabe usted lo que ha hecho por mí. ¡Gracias!

Karl salió del mostrador y ayudó al nieto de Reiner a llevar el reloj hasta el coche aparcado junto a la tienda.

Cuando volvió al local, se permitió saborear un instante de satisfacción. Sabía que seguramente no volvería a ver jamás a Johan Reiner, pero en su interior albergaba el convencimiento de que con sus manos había regalado un poco más de vida a aquel anciano, al que se le iba acabando la cuerda del reloj de su propio tiempo.

Puso el dinero en la caja, conectó la alarma, bajó el cierre y tomó la Bürkleinstrasse en dirección a su casa. En el interior de los restaurantes la gente se preparaba para comer. Seguía haciendo frío, pero el sol había lucido toda la mañana, derritiendo parte de la nieve caída la noche anterior. Las aceras estaban embarradas y resbaladizas.

De pronto tuvo una sensación extraña que no podía definir. Un latido interno, eso era, punzante, frío y misterioso. Se dio cuenta de que, tal como le pasaba a veces, su cuerpo iba por delante de su mente, o al menos desconectado de ella. Un escalofrío recorrió su espalda. Su cuerpo sentía cosas que su mente no podía explicar y esto le generaba una angustia que a veces le paralizaba y le dejaba desvalido y vulnerable. Sabía que ese latido era el indicativo de algo que le iba a suceder, aunque no sabía qué, cuándo, ni porqué.

Colocó la llave en la cerradura y abrió la puerta de su casa.

—Hola mamá, ya estoy aquí.

Nadie le contestó. Dejó el abrigo y entró en el comedor. Se extrañó de que la mesa no estuviera puesta y le invadió un sentimiento de inexplicable temor.

Abrió con un movimiento brusco la puerta de la habitación de su madre. Anne estaba en la cama, arropada y con los ojos cerrados. Su cara tenía una expresión que Karl no le había visto nunca... ¿era paz?, ¿ausencia?, ¿burla?...

Se fue acercando con un cuidado infinito hacia ella. Supo que estaba muerta, aunque su razón no podía aceptarlo.

No respiraba, no había movimiento, no había vida, solo un inmenso vacío.

Karl se llevó las manos a la cara y se tapó con ellas. Empezó a sollozar con unos espasmos que no podía controlar, mientras todo su cuerpo se estremecía y unas convulsiones negras brotaban desde su estómago y aturdían su cabeza.

Cogió la mano de su madre. Estaba fría y un principio de rigidez empezaba a extenderse por su cuerpo.

¿Cómo había podido pasar?... Antes de ir a la tienda había mirado como siempre en su habitación y la había visto dormida. Ahora recordaba que estaba en la misma posición que esta mañana. Debía haber muerto durante la noche y él no se había dado cuenta. Le dolió en lo más profundo. Ni siquiera había podido despedirse. Se arrodilló y abrazó aquel cuerpo rígido, llorando desconsoladamente.

—Perdóname, madre. Perdóname... No he sabido ayudarte... No he podido calmar tu dolor. Lo siento... lo siento tanto...

Las lágrimas brotaban imparables y se derramaban sobre el cuerpo de Anne, cuyo rostro extrañamente relajado, parecía más bello que nunca.

8

Lausana, verano de 1983.

El Steinway que le habían regalado sus padres era magnífico. Había pertenecido a una conocida de su madre, que lo tenía más como adorno que como instrumento. No lo habían tocado apenas y eso se notaba, estaba prácticamente nuevo. Michel se dio cuenta enseguida de que aquel piano necesitaba vida. Prodini les decía que los instrumentos están vivos, si no los tocas languidecen, como plantas sin regar.

Poco a poco, hora tras hora, Michel empezó a despertar aquel instrumento dormido. A las siete se levantaba, hacía una tabla de gimnasia de media hora, se duchaba y tomaba el desayuno. Se sentaba al piano a las ocho y comenzaba haciendo tres horas de mecanismo, generalmente el Hannon y el Beyer, que contribuían a dar fuerza a sus dedos. Hacia las once hacía una pausa para tomar un café y continuaba hasta la una, la mayoría de las veces solo Bach. Sus fugas y preludios a varias voces, en las que tenía que resaltar determinadas notas y matizar otras, le obligaban a un control de los dedos que le era muy beneficioso. Además, estaba la belleza de su música.

Comía con sus padres y reposaba en su habitación una media hora. A las tres reanudaba el estudio, en general las obras más difíciles y que requerían un esfuerzo de las manos que rozaba el límite de lo humanamente posible: Rachmaninov, Liszt, Ravel, Stravinsky... Era su periodo de mayor concentración. Perdía la noción del tiempo y solía hacer cinco horas seguidas, hasta las ocho, sin ninguna interrupción.

A esa hora se levantaba agotado del piano. Necesitaba meter las manos en agua templada con sal, antes de bajar a cenar con sus padres.

Después de la cena era el momento de la tertulia, de comentar los acontecimientos del día. Su padre a veces les hablaba sobre los excéntricos clientes que pasaban por su tienda de antigüedades.

Jacques, tanto vendía como compraba objetos con al menos un siglo de vida. Tenía de todo, desde muebles hasta miniaturas. En general, lo más caro eran los cuadros y los jarrones japoneses y chinos, de los que su padre era un reputado especialista.

Hoy estaba eufórico. Les contó a Selene y a él que aquella tarde había vendido un jarrón de la época Ming por doscientos setenta mil francos. Se levantó y gesticulando de su peculiar manera, les contó la historia:

Delante de la tienda había aparcado un Aston Martin negro. Habían bajado el chófer y un anciano que parecía chino. El chófer preguntó por el jarrón Liu-Feng. Estaba colocado en una vitrina a prueba de balas. Lo había visto en los catálogos internacionales.

El anciano lo examinó con detenimiento durante más de diez minutos, después le hizo una señal afirmativa al chófer y este depositó en el mostrador una cartera con doscientos setenta mil francos en efectivo. Jacques invitó al cliente a sentarse en un sillón de época cerca de la entrada y estuvo contando los billetes con ayuda de Jenny, la dependienta, durante un buen rato. Cuando acabaron le hicieron el recibo, le entregaron el certificado de autenticidad, embalaron cuidadosamente el jarrón y se lo entregaron al chófer. Jacques quiso dar la mano al anciano, que no había intercambiado con él ni una sola palabra, pero el viejo la rechazó. Hizo una leve inclinación de cabeza y siguiendo al chófer salió de la tienda.

Los tres rieron de buena gana. Jacques abrió una botella de Armand de Brignac, su champán favorito, y estuvieron celebrándolo y conversando distendidamente hasta bastante tarde. Luego Michel se levantó y les dijo que necesitaba irse a dormir. Besó a sus padres, se fue a su habitación y cayó en la cama rendido.

Día tras día, la rutina del estudio pianístico se impuso a cualquier otra consideración. Un par de veces que necesitó resolver algunas dudas, incluso se atrevió a telefonear a Prodini para consultarle. Curiosamente, este se mostró bastante considerado y le resolvió las dudas de manera clara y precisa. Michel se empezaba a dar cuenta de cuánto le había aportado su antiguo profesor.

Una noche, después de la cena, Selene les mostró a su padre y a él un cuadro que acababa de terminar. Era de un tamaño considerable para ser acuarela, más de un metro por lado. Papel 100 % algodón, de grano medio, marca Saunders, el papel inglés que solía utilizar Selene.

—Mamá, es maravilloso.

Sobre un caballete, su madre había colocado aquel paisaje, en el que una luna llena plateada se reflejaba en un lago en total calma. Al fondo, las siluetas azuladas de las montañas y algunas pequeñas estrellas. Una masa de árboles oscuros a ambos lados del cuadro creaba un paisaje sombrío y mágico. Había una espesa niebla que surgía del valle y envolvía las formas creando una atmósfera irreal. Lo más conseguido era la luz. Una luz nocturna que destilaba frialdad y misterio. Sentada en una roca, la silueta de una bella mujer miraba el lago.

—Selene, es realmente magnífico —Jacques se levantó y besó a su esposa.

—Lo sé —dijo ella—. Nunca había conseguido una atmósfera tan inexplicable como esta.

—Es armonía pura —dijo Michel.

Estuvieron un rato admirando los detalles de la obra y lo que cada uno sentía al verla. Selene estaba preparando una exposición en Lucerna. Este cuadro formaría parte de ella.

Cuando Selene salió para devolver la acuarela a su estudio, Jacques se volvió hacia Michel.

—Hijo, he estado hablando con Lucien d'Anduy, ya sabes, el director del Metropole y un buen amigo mío. Estaría encantado de que dieses un concierto allí. Incluso podrían ser varios días seguidos.

Michel escuchaba atento y sorprendido las palabras de su padre. Este prosiguió:

—Conoce tu trayectoria, sabe que has estudiado con Prodini. Quiere venir un día y oírte tocar. Puedes estar seguro de que apostará por ti.

—Papá, no sé qué decir. Tocar en el Metropole es una locura...

—Lo sé, por eso le propuse a Lucien que te hiciese una prueba. Sé que va a salir bien, porque te conozco. Eres como tu madre, un artista de pies a cabeza. Yo en cambio no lo soy, pero me encanta el arte, lo entiendo, lo vivo, lo compro, lo vendo y me enamoro de él, pero soy incapaz de crearlo… ¿No es una frustración?

—Papá, cada uno se relaciona con el arte desde su propia perspectiva, lo importante es que lo amas con toda tu alma. Además, los artistas necesitan personas como tú. Sois las que hacen que el arte sobreviva, de hecho gracias a vosotros pueden existir el arte y los artistas. Yo estoy muy orgulloso de ti.

En aquel momento llegó Selene.

—Mamá, ¡voy a tocar en el Metropole!

—Lo sé Michel, tu padre me lo ha dicho hace un rato. Te lo mereces. Todo el trabajo de estos últimos años ha sido espléndido. El Metropole solo será el primer paso de una carrera larga y brillante, estoy segura. No podemos estar más orgullosos de ti, Michel, dame un abrazo.

Se abrazaron con fuerza, mientras su padre sonreía apurando las últimas gotas de su Chivas Regal sin hielo.

9

Ginebra, invierno de 1983.

Aquella mañana, el ensayo con la orquesta había sido especialmente fluido y había terminado pronto. Ra se dirigió a su casa con su violín a la espalda, un poco antes de lo habitual.

Al entrar en el portal le sorprendió encontrarse con una mujer joven, que llevaba a una niña en una silla de ruedas. Estaba tratando de colocarla en el ascensor, pero este era tan estrecho y alargado que la silla entraba con mucha dificultad, debido también a que la niña, de unos 12 años, debía pesar bastante.

—Permítame que la ayude —dijo Ra.

—Muchas gracias. Se lo agradezco. Mi hija se hace mayor y cada vez me cuesta más manejarla.

—Creo que ya sé cómo podemos hacerlo —dijo Ra—. Yo me colocaré dentro y estiraré de la silla, mientras usted empuja desde fuera. Yo daré al botón, ¿a qué piso van?

—Vivimos en el 4º B.

Ra sintió un escalofrío. Eran sus vecinos. Los inquilinos del piso de donde procedían los espantosos gritos que había oído aquel día.

Entonces se fijó en la niña, que estaba totalmente ausente en su silla de ruedas: tenía la cabeza ladeada, los ojos eran de un color verde, claro y transparente, y tenía pequeñas convulsiones. Aquella niña poseía una belleza extraña. El cuerpo estaba retorcido. A Ra le pareció percibir que la columna estaba presionada por unos músculos en tensión constante, que forzaban toda su estructura corporal hacia el lado derecho. Ambas manos estaban apretadas con fuerza, con los dedos doblados y el color de la piel era de una palidez extrema.

—Yo también vivo en el 4º. En el 4º C. Somos vecinos —acertó a decir Ra.

—Ah, ¿así que eres tú quien toca el violín?

—Sí.

—Me alegro de conocerte. Soy Martine, y esta es mi hija Desirée. La llamamos Desi. Tiene parálisis cerebral.

—Encantada Martine, yo soy Raquel, Ra para los amigos. Parece que he llegado en el momento oportuno. Te voy a ayudar a colocar la silla. Vamos a hacerlo juntas.

Ra pasó primero y estiró de la silla hacia dentro del ascensor. Martine empujó con fuerza y finalmente consiguieron entrar las tres en aquella estrecha jaula.

Subieron al cuarto piso y repitieron la operación inversa para salir.

Se quedaron un momento en el vestíbulo. Ra se fijó en que los ojos de aquella joven madre reflejaban un sufrimiento y un cansancio infinitos. Martine se dirigió a ella con una sonrisa:

—Muchas gracias por tu ayuda. ¿Quieres pasar un momento y nos tomamos un café? Estoy sola.

Ra dudó un momento, pero enseguida tomó una decisión.

—Claro Martine, encantada. Permíteme que deje a mi colega en casa —dijo señalando al violín— y enseguida estoy con vosotras. Dame cinco minutos, si quieres puedes ir pasando.

—Perfecto, hasta ahora.

Ra entró en su piso, dejó el violín bien guardado en el armario y se quedó un momento pensativa, tratando de entender la situación. ¿Esa niña tan aparentemente frágil era capaz de emitir aquellos terroríficos sonidos? Se dio cuenta de que Desi ni tan siquiera la había mirado, parecía ausente de todo. Tampoco cuando la habían metido en el ascensor y había sufrido varias sacudidas fuertes había reaccionado... No sabía qué pensar.

Cogió una caja de té y salió de su casa. Llamó al timbre del 4º B. Martine abrió la puerta y con un gesto la invitó a pasar. El piso era sencillo y humilde como el suyo, pero estaba decorado con muy buen gusto. Había un orden y una limpieza impecables.

—He traído té. Yo no tomo café.

—Ah, bueno —dijo Martine—, a mí también me encanta el té, y tengo de varios tipos, si quieres.

—No, tranquila, tú me estás invitando a tu casa y yo al té. Hoy tomamos del mío.

Las dos se sonrieron.

—Voy a prepararlo todo. ¿Te quedas un momento aquí y vigilas a Desi? ¿Quieres una galleta?

—Claro, sí gracias. Ve tranquila.

Desi estaba en el comedor vuelta hacia ella, pero no parecía reparar en su presencia. Ra se acercó y le cogió la mano. La piel era de una suavidad radiante, parecía de seda. Los ojos eran limpios y serenos, pero su boca tenía un rictus de sufrimiento, que le hacía parecer menos niña de lo que era en realidad. Ra sintió que se le abría el corazón hacia aquella personita inmóvil y con la mirada perdida. En un impulso le dio un beso en la mejilla. La niña no reaccionó.

Martine apareció con la tetera, tazas y un plato con galletas.

—Bueno, esto ya está. He traído miel y azúcar, porque no sabía cómo te gusta... por cierto, el té que has traído tiene un aroma maravilloso.

—Sí, a flores de bergamota. Me encanta ese perfume. Y no te preocupes por el azúcar o la miel, yo lo tomo solo.

Martine sirvió el té en las tazas y señaló a Ra el plato de galletas.

—Las hago yo misma, con jengibre.

—Gracias, tienen una pinta estupenda —dijo cogiendo una.

Martine observó a aquella joven comiendo su galleta. Irradiaba una gran calidez y confianza. Agradeció que estuviese allí.

Hubo un momento de silencio. Ra miró a Desi y luego a Martine.

—¿La cuidas tú sola?

—Estoy casada. Mi marido Stelian es de Rumanía y trabaja durante toda la semana en Francia. Solo está aquí de viernes por la tarde a domingo después de comer. Es el encargado en una fábrica de ensamblaje de piezas para automóviles, que está a treinta kilómetros de la frontera suiza. Desde luego que cuando está aquí me ayuda, pero podríamos decir que prácticamente la cuido yo sola.

—¿Tú eres suiza?

—No, francesa, de Lyon, pero llevo aquí muchos años.
Desi nació aquí.

—¿Desde cuándo está así?

—Nació bien. Era una niña perfecta. Me miraba con
aquellos ojos luminosos y nos reíamos las dos. Yo le daba
el pecho y se desarrollaba sana y preciosa. Cuando tenía
un año y medio, y ya empezaba a decir algunas palabras,
tuvo una extraña infección, que le afectó a los vasos san‐
guíneos del cerebro. De un día para otro se quedó rígida
y dejó de hablar. La zona del cerebro que rige el movi‐
miento de ciertos músculos está dañada. No puede cami‐
nar, ni hablar, ni controlar sus esfínteres. Su cuerpo ha
quedado en un espasmo sin fin. Es una parálisis espásti‐
ca, la peor de todas.

Los ojos de Martine estaban llenos de lágrimas. Ra
se acercó y la abrazó. Martine irrumpió en unos sollozos
imparables. Estuvieron así un buen rato, abrazadas, llo‐
rando juntas y compartiendo aquel dolor que unía a dos
personas, que, hacía unos momentos, eran absolutamen‐
te desconocidas.

10

Ginebra, sede de la Suisse Romande. **Primavera de 1984**.

Horst Stein era un director con una enorme intensidad dramática y lírica. Exigente y meticuloso, conseguía una gran profundidad en la interpretación de las obras de sus compositores favoritos: Wagner, Richard Strauss, Max Reger... Su gestualidad al dirigir era rica, clara y efectiva y su trato con la orquesta amable, pero directo.

Ra lo tenía muy cerca y seguía atentamente hasta la menor de sus indicaciones sin perder detalle. Stein la había tratado con cordialidad desde su incorporación a la orquesta, porque vio enseguida en ella una persona entregada y con un talento fuera de lo común.

Los primeros conciertos en el Victoria Hall fueron un éxito. La Suisse Romande sonaba mejor que nunca —al menos eso le parecía a Ra—, que se sentía ya definitivamente integrada en la orquesta. Estudiaba mucho y se preparaba las obras con un interés y una meticulosidad que no pasaron desapercibidas a su compañero de atril.

Cuando Yuri, como concertino, diseñaba los movimientos de arco para la cuerda en una nueva obra, la mayoría de las veces consultaba a Ra. Había llegado a confiar en ella, tanto como en él mismo. Su musicalidad, su perfecto fraseo, su entrega y una técnica excepcional hacían de ella una pieza imprescindible en la sección de los primeros violines.

Habían transcurrido ya tres meses desde que Ra se incorporó y la relación entre los dos había ido creciendo en confianza y compenetración. Se habían hecho realmente amigos. Ra admiraba a Yuri por su increíble seguridad al tocar y el espléndido sonido que era capaz de arrancar de su violín, un E.H. Roth alemán que había conseguido con enorme esfuerzo, ya que su familia, que seguía en Moscú, no le había podido ayudar económicamente.

—En Rusia no se pueden conseguir buenos violines. Si la sonoridad de la cuerda de las orquestas rusas no puede compararse a la del resto de Europa, es porque todos tienen violines de poca calidad —le había comentado a Ra al principio de conocerse, cuando ella se había interesado por su instrumento.

—Y tú Yuri, ¿cómo lo hiciste?

—Bueno, yo ya llevo bastantes años en Suiza y he tenido la suerte de conseguir el puesto de concertino en una prestigiosa orquesta...

—¡Nada de suerte, amigo! —le interrumpió Ra—, te lo has ganado a pulso.

—Bueno, lo que sea, la cuestión es que el sueldo de concertino me ha permitido ahorrar y poderme comprar este violín que adoro.

—Sí, es magnífico.

Alguna vez habían jugado a intercambiarse los violines y ambos se habían sentido extraños con el instrumento del otro. Sin duda, los dos eran de una calidad excelente, pero la conexión entre el instrumento y el intérprete se conseguía con el tiempo y algo muy difícil de explicar desde la lógica que Ra llamaba el «intercambio de fluidos», y esta expresión siempre hacía reír a Yuri.

—Hoy tengo el fluido un poco escaso —le decía sonriendo y guiñándole un ojo.

Una tarde después del ensayo, mientras recogían los instrumentos y guardaban las partituras, Yuri se volvió hacia Ra y le dijo como si tal cosa:

—Hoy es mi cumpleaños. Y un día importante, porque cumplo nada menos que 30. ¡30 tacos!... me he hecho mayor... Y la verdad es que me encantaría celebrarlo contigo. ¿Qué te parece si te invito a cenar?

Ra le miró sonriente.

—Vaya Yuri, ya eres un vejestorio. Jo, 30 ya...pues ¡felicidades! De acuerdo, claro que sí. Nos vamos al sitio que quieras, me dejo invitar por mi amigo y compañero de atril y casi jefe...

Empezó a hacerle cosquillas en el costado jugando como una niña, los dos rieron. Ra le perseguía entre los atriles, porque sabía que Yuri no lo soportaba. Después de tirar varios atriles y tropezar entre risas se dieron cuenta de que se habían quedado solos. Sin saber cómo, habían acabado abrazados en un lado del escenario. Les sorprendió a ambos. Se separaron, fueron a coger los instrumentos y salieron a la calle.

Yuri sabía que a Ra le gustaba la comida japonesa, así que la llevó al Funakawa, el mejor *japo* de Ginebra. Era un lugar con una iluminación íntima, muebles de madera lacada y manteles con dibujos en tinta china de pájaros y bambúes. Ra nunca había estado allí. Le pareció encantador. Una música de sakuhachi sonaba dulce y misteriosa, creando una atmósfera melancólica.

—Gracias por este lugar, Yuri, es precioso.

—Pues ya verás la comida, está llena de matices. Es como comerse el «Preludio a la siesta de un Fauno».

Los dos rieron.

—Si lo hubiese sabido tendría un regalo para ti.

—Tu mejor regalo es estar conmigo ahora y aquí.

Ra sonrió.

—Yuri, me gustaría comentarte algo. Hace muy poco he conocido a una niña, Desi. y a su madre, Martine. Son mis vecinas, aunque no las había visto nunca hasta ahora. La niña tiene una parálisis cerebral muy severa. Parece ausente de todo, no la he visto reaccionar a nada. Me he sentido muy cerca de ellas dos y me gustaría ayudarlas, pero no sé cómo...

—Uf, la parálisis cerebral es una enfermedad durísima. Yo he vivido la experiencia, porque tengo un primo en Moscú que está afectado. Se llama Vlad. También va en silla de ruedas y necesita atención constante. Mis tíos lo están pasando muy mal.

—¿Cuántos años tiene?

—Ahora debe tener ya más de 20.

Yuri se quedó un momento pensativo.

—¿Sabes cómo podrías ayudarles?... Tócale a la niña algunas piezas con tu violín. Yo lo hacía de vez en cuando con mi primo y se le iluminaba la mirada. La música para ellos es como agua para las plantas. La necesitan. Su cuerpo está mal, pero su alma está intacta.

—Oh Yuri, te lo agradezco mucho, me has abierto una puerta preciosa y desde luego voy a cruzarla. ¡La música!

¿Cómo no se me había ocurrido? Creo que a su madre también le vendrá bien un pequeño concierto casero. Tocaré para las dos y seremos felices las tres.

Ambos rieron.

—Yuri, eres el mejor amigo y compañero del mundo, gracias otra vez.

Los ojos de Yuri se encontraron con los suyos y la sensación que tuvieron ambos es que se miraban por primera vez. Él cogió su mano. Ra la sintió cálida y firme. Le gustaban las manos de Yuri. Unas manos bonitas e inteligentes —pensó la primera vez que le vio—, que se deslizaban por el mástil del violín como un trineo de su Rusia natal avanza por la nieve, con suavidad y alegría. A pesar de su juventud y humildad, Yuri era un verdadero maestro. Qué mejor compañero podía haberle tocado…

Notó los labios de Yuri sobre los suyos. Un estremecimiento y su corazón se abrió en un latido largo y cálido. Se sintió transportada a su noche transfigurada.

11

Zúrich, 1975.

La muerte de su madre había sumido a Karl en un estado de desconcierto total. No podía entender lo que había ocurrido. La policía le había pedido que no tocara nada, cuando les telefoneó para explicarles lo ocurrido. Aparecieron al cabo de media hora con una médica forense. Examinaron el cuerpo de Anne como el objeto de una investigación y aunque tuvieron con ella cierto respeto, Karl sintió que aquella figura rígida y pálida a la que sometían al protocolo, ya no tenía nada que ver con su madre.

Pensó que la muerte es el mayor misterio al que nos enfrentamos todos. ¿Dónde estaba aquella mujer que tanto amor y cuidados le había dado durante años, antes de que la desaparición de su marido la trastornara? Karl conocía tan bien sus movimientos... su tierna mirada y una risa alegre que había desaparecido con el tiempo, pero que había formado una parte muy especial de su personalidad. ¿Dónde estaba ahora todo eso? ¿Cómo se escapa la vida de un cuerpo? ¿Qué había realmente más allá de lo que creemos saber?

La forense le dijo que a primera vista podría tratarse de un ictus cerebral. Un coágulo mortal instantáneo, pero que no estaría segura hasta hacerle unas pruebas. Karl pensó que al menos no habría tenido sufrimiento y esto le alivió un poco. La policía le comunicó que tenían que hacer una investigación rutinaria.

El inspector le hizo unas cuantas preguntas para el informe y le comentó en voz baja que, dadas las circunstancias, era obligado hacer la autopsia para determinar con exactitud la causa del fallecimiento. A Karl se le revolvió el estómago, cuando imaginó el cuerpo de su madre abierto, manipulado, roto, profanado... aquel cuerpo que le había contenido a él. Cerró los ojos sin poder evitar las lágrimas en silencio. Dio su consentimiento, firmó el documento y salió de la habitación.

Dos personas de la funeraria Holstein habían aparecido por la mañana, cuando Karl les llamó. Anne lo tenía todo previsto y ya estaban pagados los gastos del sepelio. Había dejado por escrito que deseaba que se la enterrase junto a su marido en el cementerio de Zúrich, pero aún quedaban algunos trámites por hacer.

—Le acompaño en el sentimiento —le dijo el hombre del traje oscuro dándole la mano.

—Gracias.

—Su madre tenía una póliza con nosotros que cubre todos los gastos: sepelio, maquillaje, ataúd, flores, ceremonia religiosa e inhumación junto a su marido en el nicho familiar. Lo que su madre no había hecho es escoger el ataúd, tendría que hacerlo usted. Si me permite le enseñaré los modelos que tenemos.

Karl se sintió desvalido, teniendo que tomar una decisión que en aquel momento le aturdía.

—Es importante que lo haga ahora —oyó la voz del hombre—, porque si le gusta uno del que no disponemos en este momento, aún habría tiempo de pedirlo a fábrica.

Karl escogió un ataúd de madera clara, sólido y bien construido con un crucifijo plateado. A ella le habría gustado.

Al cabo de una hora llegó una ambulancia y dos sanitarios subieron hasta el piso una camilla. En presencia de la policía, de los miembros de la funeraria y de él mismo, colocaron los restos de su madre en una bolsa de color gris. Cuando la cremallera se cerró y Anne quedó metida en aquel triste saco plastificado, Karl sintió una inmensa tristeza y se dio cuenta de que todo había acabado, que aquello era tan solo un cuerpo, pero no su madre.

Con cuidado, los sanitarios bajaron por las escaleras el cadáver atado a una camilla y lo depositaron en la ambulancia. Los empleados de la funeraria dieron a Karl un montón de papeles para firmar y se despidieron. Quedaron en avisarle en cuanto se supiese el resultado de la autopsia y se procediese a la inhumación.

Karl no quería una exposición de su madre en el tanatorio después de la autopsia, ni tampoco ceremonia religiosa, así que al cabo de dos días, el coche fúnebre llevó a Anne dentro de su flamante ataúd al cementerio. Detrás, en un taxi, solo dos personas: su vecina Rose y él. Lo recordaría como el viaje más triste de su vida. Rose lloraba. Él permanecía en silencio mirando por la ventanilla la mañana nublada y fría.

La inhumación fue sencilla y breve. Nadie pronunció unas palabras, únicamente Karl y Rose colocaron un ramo de crisantemos blancos sobre el ataúd, antes de que la tierra lo cubriese.

Karl pudo distinguir durante un momento el féretro que contenía los restos de su padre. Estaba deteriorado y gastado por los años. Su querida esposa estaría junto a él para siempre. Ese pensamiento le reconfortó.

El frío cortaba su cara. Notó la mano de Rose en la suya.

—¿Nos vamos Karl? Ya no podemos hacer nada más.

Caminaron juntos por el paseo central del cementerio en dirección a la parada de taxis.

Su único vínculo con aquella ciudad acababa de cortarse. Sintió que tenía que irse de allí.

12

Lausana, junio de 1984.

Después de oírle tocar, Lucien, el director del Metropole, había propuesto a Michel un ciclo de tres conciertos. Estuvieron hablando con entusiasmo sobre qué programa sería más adecuado para el público de Lausana.

Michel propuso que fuese algo poco habitual. Después de dar muchas vueltas acordaron hacer un tríptico. Tres recitales completamente diferentes. El primero sería exclusivamente de música barroca, el segundo de compositores europeos y el tercero de los grandes maestros rusos. Un programa arriesgado y complejo, pero de una riqueza insuperable.

—Así una misma persona puede venir cada día a escucharte y disfrutar de una audición completamente nueva. Vamos a llenar todos los días.

—Sí Lucien, tienes razón. Lo único que me preocupa es memorizar un programa tan extenso y variado. Es realmente un reto enorme.

—Lo sé —dijo Lucien visiblemente excitado—, muy pocos pianistas podrían ofrecer un ciclo como este. Pero te he oído tocar Michel, y yo tengo mucho ojo para detectar talento. Sé que vas a ser una figura de primerísima línea. Este tríptico será tu presentación. Eres muy joven y el público aún no te conoce, pero voy a invitar a los críticos musicales más importantes de Europa y si yo les anuncio algo que merece la pena, van a venir. También a las fuerzas vivas de la cultura de este país. Voy a apostar por ti.

—Necesito al menos cuatro meses.

—Claro Michel. Mira, una fecha maravillosa para todos sería cerca de Navidad. Es el mejor momento. Viernes, sábado y domingo en diciembre. Fechas de lujo. Y aún puedes disponer de seis meses.

—¿Qué tal es el piano?

—Espléndido. Lo compramos hace tan solo tres años y me he hecho asesorar por un experto. Es un Steinway excepcional, de una calidad fuera de serie. Y de paso te digo que la acústica de la sala ya era muy buena, pero la hemos mejorado con los últimos adelantos técnicos de control de la reverberación mediante paneles móviles. Según el tipo de concierto, podemos hacer adaptaciones para lograr una sonoridad espléndida.

—Realmente impresionante para una ciudad relativamente pequeña como Lausana.

—Sí, pero tú sabes perfectamente, Michel, lo exigente que es el público aquí. La música clásica forma parte del alma de la ciudad y nos hemos esforzado mucho por estar a la altura de lo que se espera de un auditorio como el Metropole.

—De acuerdo Lucien, vamos a hacerlo, y además me encantará. Prepáralo todo y muchas gracias por tu apoyo.

—No me las des, creo absolutamente en ti y además me vas a hacer ganar un montón de dinero, ¿qué más puedo pedir? Seguimos en contacto. Empieza a prepararte ya, lo que hemos diseñado es una auténtica bomba.

Miró a Michel sonriente y le abrazó antes de salir.

Cuando se quedó solo, Michel se derrumbó en el sofá del comedor. Se sintió atenazado por la emoción y el miedo. No sabía si sería capaz de una prueba tan al límite de sus posibilidades. Desde luego, ya había dado bastantes conciertos, pero todos ellos en auditorios pequeños o medianos y, por supuesto, no ante un público tan entendido como el que iría al Metropole. Además, vendría la crítica. Se acordó de Prodini: «Te pueden destrozar en veinticuatro horas si tienes un mal día»…

Lo que le preocupaba de verdad era poder memorizar ese programa tan extenso y variado. Desde luego se lo sabía. Lo tenía aprendido, pero ¿sería capaz de llevarlo a cabo al primer intento, sin la menor vacilación y encima disfrutando el momento, con la presión que tendría encima?

Tuvo un momento de pánico. Pensó que aún estaba a tiempo de telefonear a Lucien y anularlo todo…

No lo hizo. Respiró profundamente y subió corriendo las escaleras del piso superior. Entró en la sala y se quedó parado frente al piano. Empezó a caminar dando vueltas con la mayor lentitud alrededor de aquel instrumento, acariciando su madera oscura y a la vez luminosa. Era una auténtica belleza, y en estos momentos el mejor amigo que tenía. Le dedicaba muchas más horas a él que a nadie en este mundo.

Miró en el interior de la caja armónica. Allí estaba su dorada arpa de acero. Aguantaba una presión de cientos de toneladas, sin embargo se mantenía firme. La tensión que generan las ochenta y ocho teclas, la mayoría de ellas formadas por tres cuerdas, era verdaderamente gigantesca. La misma que sentía él en ese momento.

Tocó una nota. A pesar de toda esa carga, aquella nota sonaba suelta, limpia, deliciosa y libre.

Sus ojos se llenaron de lágrimas. Él quería ser aquella nota. Y lo sería.

Se sentó en el piano y tocó con rabia, con locura, con amor, la sonata en Si menor de Liszt.

Sí. Daría aquel concierto. Su vida entera dependía de ello.

13

Ginebra, verano de 1984.

Finales de junio. El corto verano suizo se encontraba en su mejor momento y Yuri estaba dispuesto a hacer que aquellos días fuesen inolvidables. Notaba que cada vez estaba más fascinado con Ra y quería que aquella situación tan especial que ambos estaban viviendo, fuese el punto de partida de una relación profunda y perdurable.

Por su parte, a Ra la historia de amor con Yuri le había pillado bastante desprevenida. No hubiese esperado nunca que aquel muchacho tímido que se sentaba junto a ella en los primeros violines de la orquesta, fuera capaz de tomar una iniciativa tan directa y decidida. Pero una de las características de Yuri era su seguridad en todo lo que hacía, sin por ello parecer una persona impulsiva. A Ra le gustaba la novedad de sentirse cortejada y cuidada. Yuri le caía muy bien y le quería, pero de momento no se sentía enamorada, aunque pensaba que podría llegar a estarlo. Él tenía tantas buenas cualidades... Era un gran músico, guapo, sincero, calmado, inteligente, cariñoso...

Si viviesen juntos estaba segura de que congeniarían en casi todo.

Hacía una tarde especialmente acogedora, mientras paseaban cogidos de la mano por el centro de la ciudad.

—¿Sabes por qué me gusta tanto Ginebra? —preguntó Yuri besándole la mano.

—¿Por qué?

—Porque aquí vives tú.

—Ya... —Ra sonrió—, eso es lo que piensan los «patriotas»... que su país es el mejor del mundo, porque es el suyo.

—Yo no soy patriota, pero te quiero.

Ra se sintió tocada. Yuri tenía la habilidad de hacer sonar la nota adecuada en cada momento.

—Yo también te quiero Yuri, aunque estoy un poquito desconcertada.

—Claro Ra, lo entiendo. Yo también. Me asombro yo mismo de la profundidad de mi sentimiento hacia ti. Despiertas en mí una sensación que ya tenía olvidada... Eres una maravillosa novedad.

Ra se juntó más y le cogió del brazo.

—Ya sé dónde te voy a llevar ahora mismo —dijo Yuri—, a uno de los lugares que más me gustan de Ginebra, pero será una sorpresa.

La rodeó con cariño por el hombro y caminaron como una feliz pareja bajo los frondosos árboles que bordean el lago Lemán.

Entraron en el Parc de le Grange y bordearon el teatro de l'Orangerie, hasta llegar al espléndido jardín botánico. Se sumergieron en un mundo que poco tiene que ver con la naturaleza centroeuropea y menos aún con la rusa. Invernaderos con una temperatura elevada y una humedad constante albergaban una flora exuberante y sensual.

Flores multicolores, orquídeas, trepadoras, árboles colosales entre cuyas ramas colgaban enormes lianas y en los que vivían muérdagos, cuscutas, orobanches…

Ra estaba asombrada.

—No me esperaba esto en plena Suiza, Yuri, me encantan los colores, pero lo más irresistible es el perfume que flota en este aire tan espeso y especial. Gracias por este regalo.

—Aún no hemos llegado al epicentro del terremoto —dijo Yuri sonriendo—. Mi sitio favorito se encuentra a la salida del pabellón.

Caminaron unos doscientos metros y allí estaba: el Jardín Japonés… Con su pequeño arroyo, sus arces, su puente de madera y los delicados arbustos con flores de un amarillo imposible.

—Con lo que te gusta la comida japonesa he pensado que estos «sushis» con hojas también los disfrutarías.

Ra sonrió y rozó con suavidad los labios de Yuri. Él la apretó contra su pecho y le devolvió un beso apasionado, que ella dejó que se adentrase por su cuerpo hasta llegar a su vientre, creando unas burbujitas de placer desconocidas.

Se detuvieron en el pequeño puente de madera para observar las aguas tranquilas y diáfanas del pequeño arroyo, en las que nadaban carpas de colores que iban desde el blanco absoluto al oro y al naranja. Los arces japoneses hacían caer el reflejo de sus hojas sobre aquel espejo vivo, creando dibujos de un rojo sangre que palpitaban con pequeñas ondulaciones, convirtiendo aquel lugar en un rincón mágico y de una luminosa belleza.

—Ojalá hubiese traído mi violín —dijo Yuri—. Este lugar me inspira tanta emoción, que podría pasarme horas enteras tocando para ti y al final conseguiría enamorarte.

—Sabes que me encanta como tocas Yuri, pero tú eres mucho más que tu violín y además si me enamoro de ti en un lugar como este, tendrás que ponerme un decorado así cada vez que quieras que te ame.

Los dos rieron y se besaron con ternura.

Caía ya la tarde y la noche se iba abriendo paso lentamente. A esa hora, el perfume del jazmín y del azahar de la China se imponía sobre los demás olores. Las farolas del parque Japonés se encendieron y les señalaron que era hora de abandonar el jardín botánico.

Era martes. No tenían ensayo con la orquesta hasta el viernes. Podían disfrutar de estar juntos y recorrer la ciudad viviendo aquel momento espléndido y aún tendrían tiempo de estudiar las obras del próximo ensayo.

—¿Tienes hambre? —le preguntó Yuri.

—Pues sí. La caminata y todos estos estímulos sensoriales me han abierto el apetito.

—Pues te voy a invitar a cenar a un sitio que seguro que no conoces.

—¿Más sorpresas?

—Sí. ¿Te gustan?

—Me encantan. Pareces un mago sacando conejos de su chistera... pero yo no soy fácil de engatusar.

Yuri sonrió.

—Aquí la única magia que hay es la que está ocurriendo entre los dos. Por lo menos yo no sabía que existía este sentimiento. Me había pasado con la música, pero nunca con una persona tan joven y preciosa como tú.

—¡Magia Potagia!...

Ra se acercó a Yuri haciendo los pases mágicos de un ilusionista y tratando de hacerle las cosquillas que él tanto odiaba. Salió corriendo y Ra le persiguió, los dos reían como niños. Se abrazaron, se besaron y se dirigieron hacia el centro histórico, que en verano solía estar muy animado.

Yuri la llevó a un restaurante ruso, el «Dostoievski». Le ayudó a escoger la comida y le habló de la vida en Rusia, de su familia y de la nostalgia que a veces sentía, cuando pensaba en su lejano país. Sin embargo, sabía que no iba a volver. Era feliz allí y ahora todavía más.

Hablaban en francés, pero Ra le pidió que le dijera algo en ruso. Yuri le contó un cuento que hablaba de la nieve, trineos con caballos y una bruja que vivía en una casa de hielo. La sonoridad del idioma y la voz grave de Yuri provocaron en Ra un estremecimiento que le evocaba exóticos sueños de lugares desconocidos, lejanos y misteriosos.

Cuando él acabó se miraron fijamente en silencio.

Aquella noche por primera vez durmieron juntos.

14

Zúrich, verano de 1983.

Desde la muerte de Anne, hacía ya ocho años, la vida en
Zúrich carecía de sentido para Karl. Su casa no estaba
cerca de la tienda y cuando cerraba la relojería debía ca‑
minar cada día por aquellas calles que conocía desde pe‑
queño y que nunca le habían gustado. Demasiado llenas
de gente, tiendas, sucursales bancarias y ruido. Se daba
cuenta de que los sonidos cada vez le afectaban más. El
oído era el sentido más agudo y sensible que tenía, quizá
su afición a la música y al latido de los relojes tenía algo
que ver. Tráfico, máquinas, voces... se incrustaban en su
cabeza y le provocaban un aturdimiento, que a veces se
transformaba en un dolor de cabeza exasperante.

Cuando llegaba a casa, la ausencia de su madre le pro‑
ducía un vacío interior oscuro y denso. Todo le recordaba
a ella. Durante todos aquellos años, ambos habían creado
una atmósfera compartida que ahora estaba descompen‑
sada y hacía aguas como un barco que se hunde. Ahora
el silencio era solo suyo. Antes también existía, pero era

de los dos, o de Anne, porque él podía hablarle, aunque no obtuviese respuesta. Sentía su ausencia, porque ella, aunque no pudiese expresarse ni besarle, al menos le miraba, y a veces sus ojos demostraban un profundo amor por él, aunque estuviese velado por el manto de insondable tristeza que siempre la acompañaba desde la desaparición de su marido, el único amor que tuvo en su vida.

Se habían conocido muy jóvenes. Su padre, Fred, había coincidido con ella casualmente un día de verano, en que había ido a la feria con dos compañeros de trabajo de la relojería. Era la prima de uno de ellos, que la había animado a ir. Hacía poco que se había mudado a Zúrich desde Vevey, en la parte francesa de Suiza, y trabajaba como secretaria en un bufete de abogados. Desde el momento en que se vieron se enamoraron. Su padre le contó que habían estado toda la tarde subiendo juntos a las atracciones y que Anne le había dicho en la gran noria que con él no tenía miedo de nada. Al cabo de unos meses se casaban.

Ahora la ausencia de los dos le sumía en una soledad insoportable.

Lo peor eran las noches. En sus sueños veía figuras y objetos que no lograba identificar. No eran pesadillas angustiosas, pero le preocupaba la impotencia de no poder controlar lo que le ocurría en aquel mundo desconocido. También había sonidos, voces, murmullos... y cuando despertaba no sabía muy bien dónde estaba. Tardaba un tiempo en reaccionar y ser consciente de la situación, de su habitación, de su casa. A veces se daba cuenta de que sus ojos habían llorado, pero no sabía por qué.

Había soportado con resignación los años siguientes a la muerte de Anne en aquella triste casa, como un homenaje a la memoria de sus padres, pero el duelo se había consumado. Había llegado el momento de abandonar aquella ciudad, que se le había llegado a hacer insoportable.

Esa noche, cuando volvió del trabajo y empezó a prepararse la cena, había un brillo especial en su mirada y no pudo disimular una tímida sonrisa que iluminó su cara por un momento. Hoy había sido el día más transcendente en años. Exactamente a las diez y doce minutos de la mañana del día veintitrés de junio de 1983, en la notaría Glück de la Berndstrasse, había firmado la operación de venta de su relojería.

Tendría quince días para sacar todo el material, preparar el equipaje y empezar una nueva vida lejos de los recuerdos y las ausencias que ahora le rodeaban. La casa en la que siempre habían vivido era de alquiler y solo unos cuantos muebles eran suyos. Una empresa de mudanzas se encargaría de trasladarlos a su nueva vivienda lejos de Zúrich.

Había estado sopesando con cuidado cuál era el destino que más le convenía para su nuevo hogar, aunque una cosa tenía clara: allá donde fuera seguiría con los relojes. Eran su vida y su pasión.

Compraría una nueva tienda totalmente suya, con una distribución lo más diferente posible a la que hasta ahora había tenido. Le gustaría que el negocio tuviese incorporada la vivienda. Sería cómodo y práctico. No quería nada extraordinario, pero con el dinero que le habían dado por la relojería y la indemnización por la muerte de su padre, que tenía desde hacía muchos años ingresada en la Banque Suisse, podía tener su propio negocio y no estar nunca más de inquilino. A Karl no le gustaba la provisionalidad en que habían vivido sus padres.

Después de haber estudiado todas las posibilidades se había decidido por Lausana. Era una ciudad pequeña y muy bonita, mucho más silenciosa y tranquila que Zúrich.

Siempre le había gustado la parte francesa de Suiza. Era más suave, más dulce y Lausana tenía una vida musical y cultural muy rica. Contaba con el número de habitantes suficiente como para montar un negocio, pero no era una localidad agobiante ni pretenciosa. Además, él dominaba perfectamente el francés, gracias a que su madre se lo había enseñado de pequeño, a través de aquellos bonitos cuentos que aún recordaba, cuando le acompañaba a dormir y se quedaba un buen rato con él cada noche.

Llegó a Lausana en una tranquila mañana de principios de verano. Había estado estudiando las ofertas de locales de la ciudad y llevaba cita concertada con tres agentes inmobiliarios, con los que se vería en los próximos dos días. Quería tomar con calma y sin agobios la decisión más importante de su vida.

Tenía una habitación reservada en el hotel Bellevue, en la rue du Petit—chêne, 22. Un pequeño establecimiento tranquilo y bien situado para visitar la zona que le interesaba. Durante aquellos dos días se familiarizó con la ciudad y visitó los posibles locales.

Uno de ellos le cautivó enseguida. Estaba situado en la rue Pichard, en pleno centro histórico y disponía de una vivienda bastante grande adosada al establecimiento. Una de las tres habitaciones, la más espaciosa, serviría de taller.

El espacio comercial, donde atendería a los clientes, era antiguo, pero elegante. Paredes pintadas de un ocre claro y mostrador de madera noble con un aparador interior donde colocar la mercancía. Un escaparate no muy grande, pero lo suficiente para una relojería, hacía de ese local, sin ninguna duda, el mejor de los tres que había visto.

El agente inmobiliario le explicó que tanto la instalación eléctrica como las cañerías se habían renovado hacía dos años y que por eso el precio era «algo elevado».

Era el más caro de los tres, pero cumplía a la perfección las expectativas que Karl se había marcado. Aun así quiso negociar y consiguió una pequeña rebaja. Cerraron el trato estrechándose las manos y quedaron al día siguiente en la notaría para firmar el contrato de compraventa.

Aquella noche en el hotel, Karl apenas pudo dormir. Estaba sumamente inquieto, tanto por la excitación de su nueva aventura como por las visiones recurrentes que le venían en distintos momentos de la noche y que seguía sin poder identificar.

Pensó en sus padres. Ahora por fin volvían a estar juntos. Estaba seguro de que allá donde estuviesen se habrían buscado. También estaba convencido de que verían con buenos ojos la adquisición del nuevo local. Era más grande y bonito que el de Zúrich, un progreso que su padre habría aprobado. Siempre le dijo que había que ir más allá de los propios límites, que a veces nos los imponemos nosotros mismos. Karl no sabía si su terrible soledad era uno de esos límites, que él mismo se había impuesto para respetar el enorme vacío de la ausencia de su padre.

Lo único de lo que sí estaba seguro era de que a partir de aquel momento dejaba su antigua vida atrás y encaraba un futuro lleno de incógnitas, que le producía una sensación de ingravidez que nunca antes había experimentado.

15

Ginebra. 1984.

Era sábado por la mañana. A Ra le gustaba ir al mercado de frutas y verduras que se instalaba semanalmente en su barrio, cerca de su casa. Productos frescos y de proximidad, muchos de ellos ecológicos, se exhibían en una explosión de colores y diseños, que los vendedores, campesinos venidos de las comarcas cercanas, anunciaban a viva voz, pregonando las excelencias de su mercancía.

Ra disfrutaba con aquel trajín y el animado movimiento de clientes y vendedores. Le recordaba a su país, Italia, donde las voces y los pregones eran casi arias de ópera.

Le gustaba cocinar. Había aprendido prácticamente sola, investigando y haciendo competiciones con alguna de sus hermanas, a ver quién conseguía los espaguetis más creativos. Su madre, y a veces su padre, hacían de jueces. Le vino a la memoria aquel día memorable en que ella había ganado improvisando una salsa con aguacate, gambas, canela y miel. A partir de aquella fórmula se aficionó a investigar en la cocina. Era una forma de estar en contacto con la naturaleza y componer a partir de ella. Con la cocina también podía hacer música, aunque los instrumentos eran diferentes.

En el mercado encontraba los ingredientes necesarios para preparar unas comidas sanas y estimulantes. En alguna ocasión especial había invitado a comer a Yuri y este había quedado enamorado de su manera de cocinar.

En uno de los puestos de fruta le pareció distinguir entre la gente una silueta conocida. Sí, ahora la veía mejor, era Martine, su vecina. Llevaba un carrito de la compra y no parecía que Desi estuviese con ella. Estaba colocando en el carro la fruta que acababa de comprar. Ra se dirigió hacia ella. Martine, al volverse la vio venir y en su rostro se dibujó una gran sonrisa. Sin decir ni una palabra se estrecharon en un fuerte abrazo.

—Cómo me alegro de encontrarte de nuevo Ra.

—Lo mismo digo Martine, tenía muchas ganas de pasarme por tu casa, pero no he encontrado el momento. A veces acabo tarde y no sé si Desi se acuesta temprano.

—No te preocupes, sé que estás ocupada. Claro que me gustaría verte más, estuvimos tan bien aquel día... Me ayudaste mucho. Pero sé que tú tienes tu vida y nosotros la nuestra. Así es.

—¿Dónde tienes a Desi?

—Está con su padre. Stelian vino ayer. Yo aprovecho para bajar a comprar aquí. Es más barato y mejor que en el supermercado.

—Yo también vengo siempre que puedo. Seguro que hemos coincidido antes, pero como no nos conocíamos...

Las dos rieron.

—Este encuentro merece un café, o té, o las dos cosas, ¿no crees?

—Ya lo creo Martine, ¿dónde podemos ir?

—Hay un café aquí cerca, en la rue des Champs Vieux, seguramente lo conoces, yo voy muchas veces después de comprar. Es mi pequeño respiro.

—Sí que lo conozco, vamos para allá.

Se dirigieron hacia el local con sus carritos de la compra, abriéndose paso entre la abigarrada multitud que, cada vez más, iba llenando la plaza del mercado.

El Café du Maure estaba muy animado, pero encontraron una mesa al fondo bastante tranquila y pidieron dos tés verdes con menta.

—¿Cómo está Desi? —preguntó Ra.

Los ojos de Martine se nublaron.

—Cada vez peor. La noto muy ausente, pero lo que más me preocupa es su dolor de espalda. Veo que sufre mucho, porque con el crecimiento su columna está cada vez más torcida. Los pulmones padecen una compresión peligrosa y le empieza a costar respirar.

—¿No se puede hacer nada?

—Los médicos nos dijeron que existía la posibilidad de operarla, pero es una intervención muy complicada y de enorme riesgo, que no garantiza una mejora clara y en cambio podría agravar aún más la situación si se daña la médula espinal. Además, nos dijeron que la recuperación sería tan dolorosa que hemos preferido dejar de lado esa opción. Al menos de momento.

—¿Y no puede ir a alguna institución? ¿A alguna escuela especial… a algún sitio que esté bien atendida y te permita a ti reposar un poco?

—Bueno, ha estado yendo unos años a un colegio de asistencia social para personas discapacitadas, pero desde que ha empezado a empeorar su salud no me atrevo a llevarla. Ellos también me han dicho que era mejor que no fuese, porque, aunque hacen lo posible, no tienen recursos para estar con ella con una atención constante, como hago yo.

—Pero tiene que ser agotador para ti.

—Sí, claro que lo es. A veces pienso que no puedo seguir. Ahora ya ha crecido mucho y colocarla en la cama yo sola me cuesta un esfuerzo terrible. Una vez que yo no me encontraba bien, tuve que telefonear a Rita, la vecina del segundo, la mujer de Carmelo, para que me ayudase a acostarla. Subieron los dos, son muy buena gente; si no llega a ser por ellos, no hubiese podido llevarla hasta la cama. También cambiarle el pañal es cada vez más difícil y para colmo hace poco que le ha venido la menstruación, lo que ha acabado de complicarlo todo aún más.

Se quedaron un momento en silencio. Ra no sabía qué decir, ya no tenía palabras de consuelo para aquella madre que estaba dejando su vida a cambio de la de su hija.

Dos lágrimas resbalaron por las mejillas de Martine y fueron a caer en su taza de té.

Las dos se miraron y sonrieron. Ra cogió la mano de Martine entre las suyas.

—Ahora vas a probar la última moda de Ginebra: té verde con sal —dijo.

Martine reía, mientras con la mano libre trataba de enjugarse las lágrimas.

—Quiero ayudarte y ayudar a Desi. ¿Me dejarás que vaya con mi violín a vuestra casa y toque para vosotras?

Martine se quedó un momento callada. Trataba de contener su emoción. Finalmente dijo:

—Creo que sería el regalo más bonito del mundo.

—Genial. Ahora disfruta del fin de semana con tu marido. Cuando vuelvas a estar sola, la semana que viene, pasaré. No sabes lo que es capaz de hacer este pequeño artilugio llamado violín. Creo que a Desi le encantará. Es un pequeño mago.

—Y tú eres mi hada madrina…

16

Lausana, diciembre de 1984.

El gran día del concierto en la sala Metropole por fin había llegado.

Michel se levantó temprano y estuvo «haciendo dedos» y mecanismo suave una hora. Luego un breve repaso a las partes más complicadas del programa barroco que tocaría por la noche. Sin embargo, no hizo el repertorio entero. Sabía que si en el último momento le asaltaban pequeñas dudas, podría crearse una ranura por la que se colase el miedo y derrumbar todo el edificio. Lo que tenía que hacer era, sobre todo, estar tranquilo y confiar. El programa lo había tocado cientos de veces y se lo sabía de memoria: la colección de «suites HWV 426» de Händel, «la sonata K 30» con la famosa «Fuga del gato» de Domenico Scarlatti, la «suite nº 1 en Sol M» de Henry Purcell y una selección de 12 preludios y fugas de «El Clave bien temperado de Bach». Lo había tocado completo dos veces en el Steinway del Metropole los días anteriores y se había sentido muy bien. Le gustó el piano y la acústica de la sala.

A pesar de todo eso, se daba perfecta cuenta de que los nervios son traicioneros y un pequeño desliz al principio podía condicionar todo el concierto. Sabía que tocar inseguro delante de un público exigente, es el martirio más terrible que puede existir para un intérprete.

Lucien le telefoneó después de comer, para decirle que se habían agotado las entradas. Estaba entusiasmado.

—Lo sabía Michel, un ciclo así, tan original, tan brillante, ha picado la curiosidad de todo el mundo. Vendrán muchas personalidades y la crítica más influyente del país y los alrededores. Me han confirmado su asistencia gente importante de Austria, Francia, Alemania y Bélgica. Por suerte, la pequeña Suiza está rodeada de grandes países. Por cierto, ¿cómo te encuentras?

—Bastante bien Lucien. No te preocupes, tengo ya muchas ganas de empezar. Vamos a ver, el concierto es a las ocho; hacia las seis y media ya querría estar allí. Procura que esté todo tal como te dije: la iluminación, el telón de fondo, los programas... todo irá bien, créeme. Ah, y prepara un buen champán para el final. Lo celebraremos.

—Claro que sí Michel, confío totalmente en ti, simplemente son mis famosos nervios de última hora. Paso a recogerte a las seis por tu casa.

—Perfecto Lucien, hasta luego.

Se reunió con sus padres después de un sencillo almuerzo. Apenas comía los días de concierto. Necesitaba encontrarse ligero y despejado.

Una cerrada ovación acogió a Michel cuando salió al escenario. La sala estaba repleta y se respiraba expectación y curiosidad. Iba elegantemente vestido con su traje oscuro y su camisa negra de cuello cerrado. Saludó con una inclinación de cabeza y la mano izquierda apoyada en el piano, mientras su corazón latía vertiginosamente.

Se sentó frente al teclado y se sumió en el denso silencio que se hizo en la sala. Respiró con calma y colocó con suavidad las manos sobre las teclas.

Luego ya no hubo más pensamientos. Desde el centro de su cuerpo brotó un chispazo que encendió un mecanismo perfectamente sincrónico. Sus manos, sus dedos, sus movimientos, su respiración, todo era un engranaje que ni él mismo era capaz de comprender.

Ya no supo más quién era. Se olvidó del tiempo. Ni siquiera era consciente de si había parado entre obra y obra o si todo era un sueño, en el que no había principio ni fin. Un sueño donde los sentimientos, las emociones, el sonido, la vibración, el movimiento tenían vida propia. Aquella música estaba viva y él iba acariciando esa vida a través de compositores muertos. Aquellos que nos habían dejado su legado inmortal, que ahora él era capaz de resucitar con sus propias manos. Una locura imposible. Se sintió como un dios.

Una a una fue desgranando las obras con un cuidado infinito y una concentración absoluta. Se conmovió haciendo que se elevasen más y más alto aquellos sonidos, que brotaban como un manantial impetuoso desde lo más hondo de sí mismo, que le limpiaban, le protegían, le hacían crecer como ser humano y le transportaban a un lugar donde solo existe la belleza, la emoción y la incomprensible sensación de la felicidad pura.

Hubo un momento en que todo acabó.

Estaba exhausto cuando se levantó del piano y una atronadora ovación le devolvió a la realidad. El auditorio entero estaba de pie aplaudiendo. Se oían gritos y el aroma de la emoción que se percibe cuando eres testigo de algo extraordinario. Tuvo que salir ocho veces a saludar. Tocó varios bises y el público no le dejaba marchar. En cada bis aumentaba su entusiasmo. Tuvieron que dejar encendidas las luces de la sala para que el ambiente de locura se fuese calmando y aun así se hacía evidente que lo que había sentido mucha gente esa noche, iba más allá de un simple concierto, para convertirse en la demostración del poder transformador de la música. Transfiguración. El cerebro emocional colectivo había tenido el impacto de un tren a toda velocidad.

Lucien entró en el camerino visiblemente excitado.

—¡Dios mío! ¿Qué ha pasado aquí hoy? ¿Qué has hecho?... —rio—. Una música tan metódica y racional como la barroca la has conducido a un terreno tan espiritual, que parecía que un ángel había bajado al piano. He visto llorar a un montón de gente. Les has tocado en lo más profundo. A partir de hoy te has convertido en una referencia en Suiza.

—Muchas gracias Lucien, y te puedo asegurar que ha sido algo muy especial también para mí. Me he sentido como si no fuese yo quien tocaba. Algo me guiaba y me llevaba a un lugar desconocido fuera del tiempo y la lógica. No me había pasado nunca de esta forma, hasta hoy. Quizá influye que estoy tocando en mi ciudad, un sitio que amo profundamente, no sé...

—Bueno Michel. Ahora descansa unos minutos. No voy a dejar entrar a nadie en el camerino. En cuanto estés listo nos vemos en el *hall* donde está preparado el cóctel. No te retrases, todos quieren conocerte.

Michel permaneció en el camerino en completo silencio. La música aún le daba vueltas en la cabeza, pero había algo más, una sensación de haber cruzado un abismo de fuego que había abrasado su cuerpo y solo quedaba el éter.

El *hall* estaba abarrotado. La excitación que se percibía denotaba que esa noche había sido muy especial.

Cuando Michel apareció, los asistentes le dedicaron una larga ovación. Le rodearon y le asediaron a preguntas y comentarios. Sus padres fueron los primeros en abrazarle. Selene tenía los ojos llenos de lágrimas.

—Michel, este ha sido uno de los días más hermosos de mi vida. Te quiero.

—Bravo, muchacho —dijo su padre—. Me has emocionado hasta la punta del zapato —y le dio dos sonoros besos.

Lucien le fue presentando a una oleada de gente. Todos tenían los ojos brillantes y apretaban su mano, un poco entumecida ya y con ganas de relajarse.

La prensa y la crítica le asediaban a preguntas. Lucien pidió silencio y alzando la voz se dirigió a los presentes:

—¡Señores, señores! Por favor, silencio... *monsieur* Loupin se reunirá con los periodistas en la sala de prensa dentro de veinte minutos. Allí contestará a todo lo que quieran, pero por favor, ahora déjenle tomarse tranquilamente una copa de champán, creo que se lo merece, ¿no?

Aplausos y risas celebraron sus palabras.

Lucien cogió a Michel del brazo y se lo llevó aparte.

—Michel, quiero presentarte a alguien que creo que puede ser muy importante para ti.

Un hombre de unos 40 años, alto, bastante corpulento, rubio y con una mirada penetrante, estaba esperándoles en un rincón del *hall*.

—Michel, te presento a Peter Greenfield. Creo que puede ser una persona decisiva para ti. Es representante artístico. Lleva a los mejores intérpretes solistas de Europa.

—Hola Michel.

—Encantado, Peter.

—Lo que he sentido hoy te puedo decir que ocurre una vez cada cien años, como esos cometas que recorren el cielo. Me has maravillado —hablaba con un leve acento inglés, que le otorgaba una gracia especial.

—Te lo agradezco mucho Peter, viniendo de ti es todo un honor.

—Quiero representarte —le soltó de improviso—, necesitas ya mismo a alguien que lleve la parte no artística de tu música, que se ocupe de buscar conciertos, promoción, contratos, cobrar, prepararlo todo: que el camerino esté en condiciones, el piano afinado, la luz adecuada... y organizar giras... Después de lo que he visto hoy, el mundo de la música necesita un espíritu joven y lúcido como tú. Alguien que se atreva a ir más allá.

—Ya ves Michel, Peter es la persona que necesitas. Es un honor que quiera representarte, es el mejor —dijo Lucien sonriendo.

—Me parece que lo haré Peter, me gusta lo directo que eres y me inspiras confianza, pero déjame que me lo piense unos días. Cuando acaben los tres conciertos te lo confirmaré, pero ya es un sí en un noventa y cinco sobre cien.

—Aquí me tendrás como un clavo. No pienso perderme ni una semifusa.

Los tres rieron y levantaron las copas para brindar por ese gran futuro que les estaba esperando.

17

Ginebra. 1984.

La semana siguiente a su encuentro con Martine en el mercado, Ra se encontraba en casa escribiendo a su familia. Su padre era un gran coleccionista de postales y ella disfrutaba escogiendo para él algún bello paisaje suizo o fotos que por su originalidad estaba segura de que le gustarían. Sabía perfectamente que era una pequeña excusa para no perder ese contacto que tanto añoraba y ellos eran felices teniendo un recuerdo suyo, más allá de una llamada telefónica.

Era martes y el ensayo de la mañana había sido agotador. Estaba cansada y se recostó en el sofá, dejando que su mente vagase libremente por la habitación, sin ningún objetivo concreto.

Estaba a punto de quedarse dormida, cuando de improviso escuchó un espantoso grito procedente del piso contiguo. Ra dio un respingo y se levantó del sofá de un salto. Se detuvo a escuchar. Los terribles alaridos que atravesaban la pared sonaban tan desgarradores que partían el alma. Eran largos, infinitos... y al final acababan en algo parecido a un sollozo, que se cortaba bruscamente y todo comenzaba de nuevo. Era la manifestación de un sufrimiento insoportable y Ra sabía de quién procedía.

Sin pensárselo dos veces cogió su violín y salió de casa. Llamó al timbre del 4º B. Los gritos y sollozos seguían dentro. Tuvo que llamar varias veces hasta que Martine, con los ojos inundados de lágrimas, abrió la puerta. Se miraron un momento. Martine la hizo pasar, cerró la puerta y sin poder evitarlo se puso a sollozar compulsivamente sobre sus hombros.

Ra la abrazó con una mano, mientras con la otra sostenía su violín y un sincero y profundo afecto unió de nuevo a aquellas dos mujeres.

Cuando la situación se hubo calmado un poco, se separaron y, enjugándose las lágrimas, Martine invitó a Ra a que la siguiese por el pasillo.

Cuando esta llegó al comedor, tuvo una visión que quedó grabada en su memoria para siempre. Desi estaba retorciéndose y profiriendo unos escalofriantes chillidos, mientras se sacudía poseída por fuertes convulsiones; unos temblores espasmódicos que se extendían por todo su cuerpo. Respiraba agitadamente y sus delicados ojos verdes estaban desorbitados. La boca segregaba una saliva viscosa, que se vertía sobre el amplio babero que llevaba puesto, y su cara estaba blanca como el mármol. No paraba de gritar.

Ra estaba inmóvil tratando de asimilar aquella visión. Notó la mano de Martine en la suya y no pudo evitar las lágrimas, que se derramaron imparables al contemplar impotente el terrible sufrimiento de una criatura tan inocente como Desi.

Al cabo de unos minutos que parecieron eternos, las convulsiones y los gritos cesaron. La niña, agotada, quedó caída sobre un lado, con la cara desencajada y brazos y piernas inertes. Un sentimiento de vacío, de extenuación absoluta, se cernió sobre la habitación; un silencio que nadie se atrevía a romper. Finalmente, Ra se acercó a Martine y con una voz casi inaudible le susurró:

—¿Cómo puedes soportarlo?

Martine tardó unos momentos en contestar.

—¿Y qué puedo hacer?... No tengo más opción que soportar este dolor y hacerme una coraza que me permita vivir, para que mi hija también pueda hacerlo.

—¿Qué son esas convulsiones?

—Cada vez con más frecuencia va teniendo estos ataques. Son una especie de epilepsia que la deja agotada. Al principio me era insoportable verla en ese estado, pero ahora trato de encontrar algo positivo en todo este sufrimiento de mi hija. Fíjate en ella. Mira cómo está su cuerpo ahora. Está agotado, pero relajado.

—Es verdad.

—Creo que estos ataques son un recurso de su propio organismo, para poder dispersar la tensión muscular cuando ya es realmente insoportable. Permanece así un tiempo y luego, poco a poco, sus músculos vuelven a contraerse. Es durísimo, pero el cuerpo intenta buscar salidas a una situación insostenible.

—Desde luego parece que todo en ella se haya aflojado. Tiene los ojos cerrados. ¿Está dormida?

—Más que dormida se queda casi inconsciente, debido a las sacudidas físicas y emocionales, porque estos episodios además de dolor y sufrimiento le provocan un estado psíquico de angustia. Sin embargo, cuando todo pasa y se recupera, suele entrar en un estado de extraña calma. Voy a llevarla al baño. Tengo que cambiarla, porque cada vez que le ocurre esto se hace todo encima. Tú ve a la cocina y prepara té para las dos, por favor.

—Claro Martine, yo me encargo. No te preocupes.

Ra escogió un té de entre los que encontró en un armario de la cocina; puso galletas de jengibre en un plato y lo llevó todo al comedor. Se quedó esperando.

Al cabo de unos quince minutos volvió Martine con la niña, que se veía bastante apaciguada después del sombrío episodio anterior.

—Cuando no tiene esa terrible tensión en su cuerpo se puede apreciar lo increíblemente bella que es —dijo Ra.

—Sí, incluso he llegado a pensar que después de estos ataques parece estar un poco más consciente de su entorno, pero no estoy segura. Solo sé que la pobre paga un altísimo precio, para que su cuerpo tenga unos momentos de alivio.

Sirvieron el té mientras observaban a Desi. Se iba recuperando con lentitud. Tenía la cabeza baja y un poco ladeada, pero había en ella una sorprendente placidez, que envolvía su figura y transmitía un sentimiento de quietud y paz que Ra no había visto en ella desde que la conocía.

Dejó el té y fue al sofá donde había dejado su violín. Lo sacó con cuidado de su funda y colocándose cerca de la niña empezó a tocar la «Serenata» del ciclo «El Canto del Cisne» de Franz Schubert.

Su maravilloso Bern Hiller iba extrayendo con serenidad y dulzura las notas de aquella melodía equilibrada y perfecta, que fue llenando la habitación.

Después de tanto sufrimiento, la música se elevó por encima de aquellas tres mujeres y las envolvió como una suave caricia para curarlas, para darles la vida que casi se les escapaba a causa de tanto dolor. Fueron siete minutos eternos. Ra tocó con un sentimiento y una profundidad que ni ella misma sabía de dónde brotaba. Seguramente lo provocaba el desamparo y la desdicha de aquella niña que apenas conocía, pero que paso a paso se había colado en su corazón.

Cuando terminó y se hizo el silencio, ocurrió algo que Martine y Ra recordarían toda su vida. Aquella niña frágil, ausente, maltrecha, herida, levantó la cabeza y miró a Ra. Una mirada larga y dulce. Sus bellos ojos verdes permanecieron fijos en ella. Mientras la miraba, de su ojo izquierdo brotó una única lágrima, que fue resbalando por su mejilla hasta caer en su falda. Luego su rostro se transformó y algo parecido a una sonrisa apareció en su cara. Respiró profundamente y la cabeza volvió a su posición anterior.

Ra y Martine se acercaron a Desi, fundiéndose las tres en un solo abrazo. La emoción las embargó. Sabían que habían asistido a un pequeño milagro, producido por ese duendecillo travieso que se escondía en el fondo de su violín.

18

Ginebra, invierno de 1984.

Aquel fin de semana cercano a la Navidad, era de los pocos que Ra y Yuri tenían libre. La orquesta hacía una pausa y hasta pasadas las fiestas no reemprenderían los ensayos. Él se quedaría en Ginebra, pero Ra tenía la intención de pasar unos días en Roma con su familia. Les añoraba mucho. Hacía casi un año que no les veía.

Estaban sentados en el Café de l'Opera después del ensayo, saboreando un magnífico té verde. Ra acababa de contarle con todo detalle el episodio de la reacción de Desi a la música de su violín.

—No fue una casualidad. Luego estuve tocando más piezas, Bach, Vivaldi, «La alondra elevándose»... y la reacción de ella fue siempre la misma, cuando acababa, me miraba fijamente y sonreía a su manera, creo que me animaba a seguir. Ella que siempre está ausente, en su mundo, se abría hacia mí. También se le escapaba alguna lágrima. Fue tan emocionante, que no puedo expresarlo. Me sentí haciendo algo que realmente estaba más allá de lo que yo creía que era la música.

—Lo que me cuentas es muy importante Ra. Por la experiencia que viví con mi primo Vlad, la música les llega incluso más que a nosotros. Tienen una sensibilidad especial para ella, porque su mundo emocional puede apreciarla más que el nuestro, que está siempre condicionado por un mar de estímulos externos. No nos damos cuenta, pero nuestra vida solo mira hacia el exterior: amistades, viajes, espectáculos, comidas, planes, expectativas, etc. Ellos están en continua soledad, siempre consigo mismos, siempre sintiéndose… Su entorno es el silencio, la quietud y la espera. Así que, con una acción pequeña y aparentemente tan sencilla, has conseguido prestar una ayuda muy valiosa a esa niña y a su madre. Puedes sentirte orgullosa.

—Gracias por tus palabras Yuri, eres un sol, amigo mío.

Yuri cogió la mano de Ra:

—Me voy a sentir muy vacío cuando tú no estés en la ciudad. Pero al menos te propongo una buena despedida antes de que te vayas a Roma. Un fin de semana por ahí, fuera de Ginebra. Tú y yo solos en un hotelito coqueto para disfrutar de la vida y olvidarnos de todo.

—Siempre me sorprendes Yuri —no podía ocultar la ilusión que le hacía.

—Hay una ciudad que me encanta: Lausana. Está cerca y es preciosa. Además, un buen amigo mío, al que hace mucho tiempo que no veo, hace un ciclo de tres conciertos de piano en el Metropole, se llama Michel, Michel Loupin. Nos conocimos aquí, cuando él estudiaba con Prodini en la HEM. Lucien d'Anduy, el organizador, ha enviado varias entradas para miembros de la orquesta. Yo he pedido dos. Aquí están.

Se las enseñó riendo. Ra trató de quitárselas, pero él las guardó con una rapidez felina y puso los labios esperando un beso.

Ra se lo dio. Los dos rieron y se abrazaron. Irían a Lausana todo el fin de semana.

Llegaron en tren el viernes temprano. Hacía una mañana ligeramente brumosa, que envolvía con cierto misterio la ciudad. Fueron andando al hotel, situado en el centro histórico. La habitación, en el cuarto piso, era bonita y con una espléndida vista sobre el lago. Se sintieron felices. Se besaron.

—Voy a ducharme y a ponerme guapo para enseñarte esta ciudad maravillosa —dijo él dirigiéndose al cuarto de baño.

Ra deshizo su maleta y puso la ropa en el armario.

Cuando Yuri salió, se duchó ella también y se puso el vestido azul que llevaba el día del examen de la Suisse Romande. Le gustaba ese vestido y quería celebrar esta aventura con Yuri. Quería estar guapa.

Cuando salieron del hotel, un radiante sol había deshecho la niebla. La ciudad brillaba como si fuera de bronce. Tejados, cúpulas de iglesias, relojes, flores, campanas, tiendas animadas... Lausana les daba la bienvenida, mientras paseaban cogidos de la mano absorbiendo aquel momento feliz.

Las invitaciones eran para el sábado y el domingo, porque según el comunicado del Metropole, el viernes, día del estreno, estaba dedicado a la prensa, la crítica, personalidades y un público especialmente escogido. Tenían todo el día para conocer y disfrutar la ciudad. La música podía aguardar hasta mañana.

Las empinadas calles de Lausana, construida sobre tres colinas, son para gente joven y ellos lo eran. Las recorrieron animadamente: la Cité, el Bourg, Saint Laurent... admiraron la silueta del río Vuachère, uno de los cuatro ríos que atraviesan Lausana, desde el Grand Pont. Perdiéndose por las estrechas calles de la ciudad vieja, llegaron al teatro de la Ópera. Cerca estaba una pizzería llamada Verdi, que anunciaba *vitel toné* y raviolis rellenos de requesón.

—Yuri, mira —Ra lanzó una exclamación de placer—. Es una señal clarísima de que el maestro Verdi nos llama... por favor, Yuri, ¡me muero por comer pasta italiana! Anda, vamos dentro —guiñándole un ojo le susurró— y como diría un jardinero a otro: «Seamos felices mientras podamos»

Los dos rieron y entraron al restaurante.

La comida fue espléndida y estimulante. La larga caminata les había dejado rendidos y decidieron ir al hotel a estirarse un poco. Durmieron un rato abrazados y Yuri quiso hacer el amor, pero Ra le pidió que esperasen hasta la noche, estaba bastante cansada y aún les quedaba toda la tarde de caminata turística.

—Lo que tú digas —dijo Yuri—, pero entonces por la noche toca ración doble.

—Eso ya lo veremos, Tarzán... ¿Los rusos sabéis quién es Tarzán?

—Claro, el hombre mono que ataca a las chicas guapas.

Se levantó de un salto y se puso a perseguir a Ra, que salió corriendo y se refugió en el cuarto de baño, cerrando con el pestillo.

—¡Eh Tarzán! —gritó ella—. ¿Y ahora qué?... ¿Derribarás la puerta?

—Ya saldrás algún día, mujer blanca, hombre mono tener paciencia...

Hacia las siete salieron del hotel. Bordearon el lago Lemán; la silueta del castillo de Ouchy se reflejaba en sus aguas tranquilas. Caminaron hacia el centro atravesando el puente Bessières. Cuando tomaron la rue de Genève se encontraron de frente con la sala Metropole. Había un tropel de gente y movimiento en la puerta. En la entrada estaba anunciado el ciclo de conciertos de Michel. Faltaba casi media hora para empezar y ya se palpaba una gran expectación. Los dos se quedaron un rato observando.

El auditorio les pareció magnífico. Ra se acercó al cartel que anunciaba el concierto y observó la fotografía de Michel.

—Es muy joven —comentó.

—Sí, bueno, unos años menos que yo, pero te aseguro que musicalmente es de una madurez asombrosa. Me encantaría poder saludarle y ver cómo le va todo. Por desgracia hace tiempo que hemos perdido el contacto, aunque desde luego no parece que las cosas le vayan mal —dijo sonriendo.

—Se nota que el público está realmente expectante.

—Mañana seremos nosotros los que cruzaremos esas puertas —dijo Yuri—, ya tengo ganas.

Siguieron caminando y llegaron a la plaza de Palud, la más antigua de la ciudad, donde estaba el ayuntamiento. Se detuvieron un rato delante de la estatua que representa la justicia y el famoso reloj que marca las horas con unas antiguas figuras en movimiento.

Se sentaron en la amplia terraza de un café y pidieron té con pastel de manzana. A ambos les encantaba el té.

Estuvieron un buen rato disfrutando del lugar y conversando animadamente sobre la música, la vida en la orquesta y la emocionante experiencia que estaban viviendo juntos.

De pronto Ra se fijó en un hombre de mediana edad sentado unas mesas más atrás. Les miraba atentamente. Sus ojos oscuros no parecían amenazadores, pero había algo extrañamente inquietante en aquella mirada.

Cuando se lo comentó a Yuri, y este se volvió para mirar, el hombre bajó los ojos y se concentró en su jarra de cerveza.

Los dos jóvenes siguieron hablando y saboreando aquel magnífico pastel y el té perfumado, pero Ra sabía que aquel hombre les seguía observando. Se sintió muy confusa, le invadió un sentimiento que no podía explicar... la clara sospecha de que aquellos ojos, oscuros, profundos, le estaban ocultando algo decisivo, que ella era incapaz de comprender.

Al cabo de unos quince minutos, Karl, el relojero, terminó su cerveza, se levantó y se alejó lentamente.

Ra se le quedó mirando, mientras un hormigueo le recorría todo el cuerpo como un escalofrío.

19

Las críticas al primer concierto de Michel habían sido una monumental avalancha de elogios: profundidad, increíble talento, sensibilidad extraordinaria, joven genio, técnica prodigiosa, transcendencia. Únicamente un crítico alemán se atrevió a despachar con pocas palabras el concierto, con el argumento de que la música barroca no se podía tocar así. Le había parecido demasiado etérea. El resto estaba entusiasmado.

La noticia había corrido como la pólvora. Conseguir una entrada para el resto del recital era misión imposible.

Michel y sus padres leían incrédulos las críticas mientras desayunaban. Recibieron un montón de llamadas telefónicas, felicitándoles por el evento.

—Mishi, sabía que lo harías bien, pero esto supera todo lo que creía posible —dijo su madre dejando a un lado los diarios.

—Ya mamá, pero ahora tengo una presión aún más grande

—Lo sabemos Michel —dijo Jacques apurando su café—, pero hay dos clases de personas, hijo, las que ante un reto extraordinario se encogen y a las que ese mismo reto las hace volar. Y tú eres un águila. Vas a elevarte por encima del Matternhorn.

—Venga Ra, ya son las siete —Yuri se estaba poniendo la corbata con cierto nerviosismo—. Estaría bien que llegásemos con antelación para disfrutar del ambientazo que habrá. Seguro que nos encontramos con algún músico conocido. De la orquesta supongo que vendrán varios.

Ra le interrumpió.

—Ya estoy lista, ¿qué tal?

Yuri se volvió y se quedó sin palabras. Melena negra recogida en un elegante peinado, un vestido azul ultramar ceñido, que él no le había visto nunca, una fina cadena plateada con un zafiro y un suave, pero efectivo maquillaje, hacían desaparecer a la jovencita y creaban una mujer fascinante y misteriosa.

—¿Bueno, qué? ¿Te gusta?

—Perdona, es que me he quedado mudo. Estás... estás... pareces una diosa griega.

Se acercó a ella y la besó. Notó el suave perfume a bergamota, que la hacía aún más irresistible. Se sintió totalmente enamorado.

Cuando llegaron al Metropole ya había mucho movimiento. Una multitud se agrupaba en dos colas, que empezaban a moverse con lentitud a ambos lados de la fachada principal, en dirección a las puertas de entrada. Se respiraba una notable expectación.

Vestidos elegantes, perfume, joyas, fracs y lujo. También algunos aficionados más bohemios con chaquetas ajustadas y botines relucientes.

Ra y Yuri atravesaron el iluminado y abarrotado *hall*,

abriéndose paso en dirección a la platea de la sala donde tenían sus localidades.

Una voz les sorprendió por detrás:

—Vaya, vaya... ¿estoy presenciando una luna de miel? —era Armand, el oboe principal de la Suisse Romande, que les miraba sonriente.

—No pienso contestar a inquisiciones baratas —le contestó Yuri—, aunque me alegro de verte. ¿Con quién estás?

—Estamos Bárbara y yo. Ya sabéis, la segunda flauta. Se ha encontrado con alguien... anda por ahí. Pero lo nuestro es pura amistad, esta noche nos volvemos a Ginebra y cada uno a su casita.

Sonó el timbre del último aviso.

Se despidieron de Armand y se acomodaron en sus asientos. Eran buenas entradas, séptima fila de platea. Situadas al lado izquierdo, verían las manos del pianista.

Se quedaron unos momentos en silencio. Los murmullos de la sala iban disminuyendo de intensidad. Ra notó de pronto una sensación extraña en la nuca. Unos instantes antes de que las luces se apagasen, se dio la vuelta y su cuerpo se sacudió con un involuntario espasmo. El hombre de los ojos oscuros estaba sentado dos filas detrás de ellos, observándoles fijamente. Se estremeció. De golpe empezó a invadirle una sensación de aprensión. La presencia de aquella persona la perturbaba profundamente sin entender por qué. Prefirió no decirle nada a Yuri.

Se hizo la oscuridad. Una ovación calurosa acogió la salida de Michel al escenario, que se alargó mientras saludaba.

Luego silencio. El silencio más expectante que Ra había sentido. Michel respetaba aquel silencio.

Empezó a sonar la «Polonesa nº 1 en Do sostenido menor» de Chopin, con su impetuoso comienzo en las notas más graves del piano, para dar paso enseguida al tema principal, que se abría y se cerraba como un perfecto abanico lleno de preguntas que quedaban en el aire. Los temas se iban sucediendo y Ra se sumergía en una paz armoniosa y profunda, que hizo disipar de un plumazo la inquietud que momentos antes la había atenazado.

Durante todo el concierto se sintió transportada a lugares donde no había estado nunca, pero de los que presentía su existencia, más allá del tiempo, más allá de la razón, más allá de ella misma.

Chopin, Debussy, Ravel, Grieg, Liszt... cada vez más lejos, cada vez más profundo. Al final del concierto no podía parar de llorar.

Cuando todo terminó se hizo un silencio absoluto, rotundo... y después una explosión de aplausos, vítores y emociones incontroladas. Ra estaba quieta en su asiento, mientras la sala enloquecía con los bises y el concierto se iba alargando en una secuencia sin fin. Yuri estaba aplaudiendo emocionado cuando la miró. Al verla le invadió una cierta preocupación. Estaba como ida, transformada y tenía los ojos llorosos.

—¿Estás bien? —le preguntó—. ¿Qué te pasa?

—No lo sé... nunca me había emocionado tanto. No sé qué ha ocurrido, ha sido como un sueño, un sueño maravilloso.

—Sí, ¡cielo santo, cómo ha tocado!... Ha sido un regalo. Ha cambiado mucho. Es excepcional. Vamos a esperar un rato y luego pasamos un momento por el camerino. Quiero saludarlo y presentártelo.

—No sé si podré.

—Claro que podrás. Vamos a tomar una copa al bar y luego vamos para allá.

Ra, de pronto recordó y se volvió bruscamente hacia el asiento donde había tenido su inquietante visión. Dos filas detrás de ella la gente aplaudía de pie, pero una butaca estaba vacía. No había ni rastro del hombre de los ojos oscuros.

20

El *hall* estaba abarrotado de público tomando champán, whisky, gin tonic y canapés. Pequeños corros de amigos comentaban visiblemente excitados el acontecimiento.

Armand, el oboísta de la orquesta, estaba en la barra tomando una copa con Bárbara, su compañera flautista. Ra y Yuri fueron hacia ellos.

—Hola colegas, os veo bastante emocionados —dijo Yuri acercándose a la pareja—. Tenéis los ojos brillantes como luces de Navidad.

—¡Hola!, vaya... Qué gusto veros —Bárbara les abrazó con cariño—. Ya me había dicho Armand que andabais por aquí.

Yuri sonrió:

—Pues sí, es una verdadera suerte que hayamos venido, no podíamos perdernos algo así. ¿Qué os ha parecido? Al menos a nosotros nos ha conmovido muchísimo.

Armand estaba muy excitado. Bebió un trago de su gin tonic, antes de comentar con la voz velada:

—Es diferente a todo lo que había oído hasta ahora. Si sabes escuchar te lleva a su terreno y no tienes escapatoria, te acorrala, te deja paralizado. Sé que ha estudiado con Prodini y ese viejo es un brujo. Es capaz de convertir una piedra en diamante.

Bárbara se fijó en Ra, que estaba callada.

—Pareces realmente afectada. ¿Has llorado, verdad?... Yo también.

Ra no dijo nada, pero le dedicó una sonrisa.

—Lo más curioso es que cuando lloraba no sabía por qué lo hacía —dijo Bárbara—. No era tristeza, tampoco era exactamente emoción, era algo parecido a un misterio profundo que no puedes comprender y te deja sin fuerza. Y en el momento en que me sentía más vulnerable por dentro, me ha venido la imagen de un torbellino que penetra en tu cuerpo, empieza a vibrar y te llena y te llena... En aquel momento lloras, porque es inexplicable. No recuerdo que me haya pasado nunca.

—Lo que dices es interesante y bonito, Bárbara —dijo Yuri—. Yo creo que si existe algo misterioso es precisamente la música. Está hecha de una materia tan leve, tan sutil, que es intangible y casi virtual. Pero es capaz de entrar por todas partes, incluso atraviesa las paredes. Es pura vibración que va fluyendo y fluyendo, pero que, en cuanto la escuchas, ya ha pasado, ya ha dejado de existir. Un verdadero misterio.

Armand miró su reloj.

—La conversación está muy interesante, pero Bárbara, tenemos que irnos ya mismo o se nos escapa el último tren.

—Bueno, pues nos vamos, qué le vamos a hacer. Adiós pareja, me he alegrado mucho de habernos encontrado aquí —dijo Bárbara sonriendo.

Yuri les abrazó:

—Buen viaje de vuelta. Nos vemos el lunes.

Se escabulleron rápidamente, abriéndose paso entre la abigarrada multitud.

Ra no había podido decir ni una palabra. Pidió un agua y Yuri medio vodka con hielo. Estuvieron un rato en silencio, observando el ambiente desde la barra.

Poco a poco, Ra se fue calmando. Yuri la observaba. Finalmente, la rodeó con su brazo y con suavidad le dijo:

—Parece que ya te has repuesto. Anda, vamos al camerino. Es la gran oportunidad de que conozcas a alguien muy especial. Además, me apetece mucho verle, fuimos muy amigos durante varios años y creo que se alegrará de que nos encontremos.

Subieron las escaleras que daban a la parte posterior del escenario. Había bastantes personas entre bastidores ocupando los laterales del proscenio y una aglomeración frente a la puerta del camerino.

—Yuri, vámonos —dijo Ra—. No sé si quiero estar aquí.

—No te preocupes, ya verás, Michel es muy buen tío. Te encantará. El problema es que hay tanta gente, que quizá no podamos ni llegar a la puerta.

Se quedaron esperando unos diez minutos, observando el movimiento de los variopintos personajes que intentaban contactar con Michel.

En un momento dado, un fornido miembro de la seguridad de la sala se dirigió al público alzando la voz:

—Señoras y caballeros, *monsieur* Loupin no recibirá más visitas, necesita descansar. Por favor, les ruego que vayan saliendo. Vamos, vamos, por favor.

La gente empezó a dar la vuelta a regañadientes, mientras la cara de Yuri mostraba una evidente y manifiesta decepción.

Cuando ya les tocaba salir, y estaban a punto de girarse, Yuri vio a una persona que precisamente parecía la encargada de hacer salir a la gente de allí y soltó una exclamación de sorpresa:

—¡Peter Greenfield!

Este se volvió y una sonrisa iluminó su cara.

—¡Yuri!

Se abrazaron efusivamente. Peter había sido durante tres años el representante del cuarteto de cuerda del que Yuri era el primer violín. Cuando el grupo se disolvió, hacía dos años, dejaron de verse, pero durante aquella época habían hecho una gran amistad.

—Vaya Yuri, qué sorpresa. Me alegro mucho de verte. ¿Cómo te va todo? Ya me enteré de que eres el «señor concertino» de la Suisse Romande. Cuando me dieron la noticia me puse eufórico. Te lo merecías.

—Gracias Peter. Vaya, vaya... es una auténtica hemorragia de placer que nos encontremos después de tanto tiempo. Estás más maduro, y un poco más gordo —dijo Yuri bromeando.

—Querrás decir interesante, fuerte y hermoso.

—Por supuesto —dijo Yuri riendo.

Peter hizo una seña al de seguridad:

—Puedes irte Yves, ya me encargo yo.

—De acuerdo, voy a ver cómo está el bar, por si hay algún problema.

Yuri continuó:

—Y con respecto a cómo me va, pues no puedo quejarme. Estoy contento. Me encanta y me estimula estar en la Suisse Romande. Es una orquesta fantástica, pero... a ti puedo decírtelo, a veces se me encoge el corazón, cuando me viene el recuerdo del cuarteto. Siento que nada podrá superarlo. Fue una terrible pena lo que pasó. Tú fuiste testigo de lo unidos que estábamos y musicalmente nos entendíamos tan bien… Un grupo realmente poderoso.

—Pero la muerte de Nadine lo condicionó todo —dijo Peter.

—Sí claro. Ya sabes, no podíamos seguir tocando juntos, su ausencia era imposible de cubrir.

—Sí, lo sé. Era maravillosa.

Yuri se esforzó en sonreír.

—De todas maneras, en la Suisse Romande me encuentro muy bien y ahora todavía más con la ayudante que tengo.

Yuri cogió del brazo a Ra.

—Peter, te presento a Raquel Buffetti, mi compañera de atril y una gran amiga.

—Hola Raquel, me alegro mucho de conocerte.

Le dio dos besos.

Yuri y Peter se miraban sonriendo. Los dos parecían sinceramente contentos y sorprendidos de aquel encuentro.

—¿Qué os ha parecido?

—Realmente soberbio —dijo Yuri—. Nos ha dejado tocadísimos. Raquel no podía parar de llorar. Yo también estaba emocionado, hechizado. Es una forma de interpretar que sorprende por lo penetrante, intensa e inteligente que es.

—Sí, es como sumergirse en un inmenso fondo abisal. Un lago profundo en el que flotas si te dejas llevar. A mí me impactó desde que le oí por primera vez, en realidad fue ayer… parece que fue hace un año.

Los tres rieron.

—¿Le llevas tú?

—Prácticamente sí. Hemos quedado en firmar mañana o pasado, pero yo ya le estoy ayudando. El reto de estos tres conciertos es tremendo para él y hay que protegerle un poco.

—Peter, me gustaría saludarle un momento. Ya sabes que fuimos muy amigos.

—Ha dicho que no quería más visitas, pero creo que tú eres especial. Recuerdo perfectamente lo mucho que os apreciabais, incluso le consultabas sobre los matices de alguna obra, cuando aparecía por vuestros ensayos. Bueno, vamos, pero solo un momento.

Se acercó a la puerta y dio tres toques con los nudillos... silencio... otros tres golpes y una voz muy suave:

—¿Qué pasa Peter?

Entraron en el amplio camerino. Michel estaba sentado en un sillón visiblemente cansado. Cuando vio a Yuri su cara se iluminó y se incorporó con un rápido movimiento. Se abrazaron. Se observaron, ambos sonreían.

—¿Cuánto hace, tres años? —dijo Michel.

—Tres años tío. Y en este tiempo has hecho el cambiazo de tu vida. Eres un monstruo Michel, nadie hoy en día toca así.

—Claro, como yo, solo puedo tocar yo...

Todos rieron. De pronto Michel vio a Ra.

—Ah Michel, esta es Raquel Buffetti, mi ayudante en la orquesta.

Cuando los ojos de Michel se cruzaron con los suyos, Ra sintió un vuelco en el estómago. Una inexplicable sensación de emoción cálida y profunda fue ocupando cada una de las células de su cuerpo. Era como si ya conociese a aquella persona, en cuya mirada vio también reflejada una muda interrogación. La voz de Michel la hizo reaccionar.

—Es un verdadero placer conocerte, Raquel.

El sonido de su nombre en aquella voz melodiosa produjo en ella una sensación tan agradable como inesperada.

—Lo mismo digo Michel. Me gustaría darte las gracias por lo que me has hecho sentir esta noche. He quedado realmente conmovida. Ha sido algo inexplicable.

—He notado en el público una receptividad extraordinaria —comentó Michel— y creo que esa energía de vacío que me llegaba, me obligaba a ir dando más y más, como si tuviese que llenar un lago, que había perdido su capacidad y necesitaba el agua de todos los arroyos de las montañas. No sé explicarlo mejor.

—Llenar el vacío —dijo Peter—. Interesante.

Pero si no hay vacío —intervino Yuri—, no se puede llenar, quiero decir que para que el público pueda tener una experiencia profunda debe saber vaciarse, y eso no es fácil.

—Es verdad —dijo Ra—, sin ser muy conscientes estamos llenos de ideas prefabricadas, juicios que no son ciertos, pensamientos negativos e incluso esperamos que el intérprete cometa algún fallo... pero nada de eso estaba presente hoy. Creo que ha ocurrido precisamente lo que hablábamos... que me he vaciado, para poder llenarme de esa música que me ha colmado por dentro.

—Yo a veces lo he sentido con la orquesta —dijo Yuri—, cuando el público, o la mayoría de él, está... limpio, entonces notas en el escenario una energía especial, que te hace volcarte en ofrecer algo que ya no es solo tuyo.

—Es de todos —dijo Michel—. Hoy me he sentido compartiendo un sentimiento común. No desde el primer momento, claro, pero se ha ido aposentando. Al final, no había diferencia entre intérprete y público, todo era uno.

Hubo un silencio. Michel volvió a sentarse.

Ra se fijó en sus manos. Poseían una vida tan rica, como aquellos ojos de un gris profundo que la miraban con la intensidad de un faro.

La voz de Peter la sacó de sus pensamientos.

—Bueno amigos, este joven necesita descansar. Tengo que llevarle a casa. Mañana tiene que volver a entusiasmar a un auditorio repleto, y nada menos que con los rusos, con esas obras imposibles...

Michel miró a Ra y a Yuri y con un hilo de voz les dijo:

—¿Vendréis mañana?

Ra se adelantó impaciente.

—No me lo perdería por nada del mundo.

Michel sonrió.

21

Lausana, diciembre de 1984.

Karl estaba bastante satisfecho de cómo había quedado su nueva relojería. No era grande, pero el espacio estaba muy bien distribuido. Paredes ocres y mostrador de madera oscura daban una sensación de seriedad, orden y profesionalidad. Había una docena de relojes antiguos y modernos distribuidos por las paredes. Eran de diferentes tipos: de péndulo, de cuco, de esferas decoradas, hasta había uno de estación ferroviaria.

Ya desde pequeño Karl se había acostumbrado a que en la tienda no existiese el silencio. El tic-tac de los relojes estaba siempre presente con diferente intensidad y timbre. Cuando se cumplían las horas, una sinfonía de campanadas, cantos de cuco y sonoridades varias inundaban la relojería, haciendo evidente que el tiempo no se detenía para nadie.

Todos daban la hora con pulcra exactitud, porque su padre siempre había insistido a Karl en que era muy importante tener a «todos los músicos de la orquesta bien afinados». Entonces se podía disfrutar de unas melodías que se fundían como metal caliente. Karl les daba cuerda cada día y ajustaba la hora meticulosamente. Formaba parte de su ritual diario.

Solo hacía un par de semanas que había abierto la tienda y no se podía quejar, habían entrado más clientes que los que solían hacerlo en Zúrich, quizá era la curiosidad de una tienda nueva. Lausana era una ciudad bastante turística y se vendían muy bien los relojes de cuco, que los visitantes se llevaban como recuerdo de Suiza.

A pesar de que aquel local era muy diferente del que tenía su padre, los relojes de las paredes y el material le seguían recordando muchas veces a aquel hombre al que tanto quiso. Le vino a la memoria el día en que su padre le habló por primera vez de la precisión absoluta de los mecanismos.

—Mira Karl, los relojes que tenemos y fabricamos en Suiza son los mejores del mundo. Sin embargo, todos los relojes tienen un imperceptible desajuste que, aunque sea mínimo, al sumarse al transcurrir del tiempo hace que se desplacen algo de la exactitud absoluta.

—¿No hay relojes que siempre marquen la hora exacta, papá?

—El reloj más exacto que se conoce hasta ahora lo fabricó Frank Libby en Estados Unidos en 1949. Es un reloj atómico. Está basado en la resonancia magnética molecular y tiene un margen de error de un segundo cada treinta millones de años.

—¿Un segundo cada treinta millones de años?

—Así es Karl —dijo su padre mirándole con cariño—. Los nuestros son más humanos.

Hoy había sido un día bastante ajetreado en la tienda. La proximidad de la Navidad se hacía notar. Una señora había entrado a primera hora para arreglar un bello reloj de pulsera, que como consecuencia de una caída tenía el cristal roto; un joven había venido buscando un regalo para su novia que fuese bonito, pero no muy caro; un pequeño grupo de japoneses habían comprado dos relojes de cuco, después de hacer que sonasen todos los que tenía expuestos… y aún estuvo trabajando en varios encargos, que afortunadamente había acabado a tiempo.

Cuando terminó, no tenía ganas de meterse en la desangelada vivienda de la trastienda de su local. Prefirió tomar un poco el aire. Hacía una tarde no demasiado fría para la época del año, que invitaba a dar un paseo. Antes de que se apagase ese sol de invierno que alargaba las siluetas de los edificios, todavía podía sentarse en alguna terraza del bonito centro histórico de la ciudad y tomarse una cerveza.

Cerró la tienda y se dirigió con paso tranquilo a la plaza de Palud. Le gustaba observar el gran reloj con figuras móviles, que estaba admirablemente construido. Había estudiado teóricamente su mecanismo, pero nunca había tenido la oportunidad de verlo por dentro. Hacía tiempo que le rondaba por la cabeza pasarse por el ayuntamiento para solicitar un permiso para examinarlo y admirar esa obra extraordinaria.

Se sentó en una terraza de la plaza. Pidió una cerveza de doble malta y miró las figuras del reloj, que en aquel momento daba la hora. Le gustaba observar los relojes y también el movimiento de la gente. Eran un poco como los autómatas de aquel reloj. Muchas veces repetían las mismas acciones, sin ser conscientes de ello.

Repentinamente, sus ojos se centraron en una joven pareja que se encontraba sentada unas mesas más allá.

Le llamaron poderosamente la atención. Eran dos jóvenes que nunca había visto. Estaba seguro de que no eran clientes de la tienda, tampoco de Zúrich, su antigua ciudad, pero de una manera inexplicable sabía que los conocía. Sobre todo a ella, pero ¿de qué?

Se dio cuenta de que le costaba enfocar la mirada. Un sutil cosquilleo que empezó en las manos, fue subiendo a través de su cuerpo para convertirse en un zumbido sordo, que le producía un desconcertante dolor en la cabeza.

De pronto el chico se volvió y le miró. Sabían que les estaba observando. Karl bajó la mirada y se concentró en su jarra de cerveza. Transcurrieron unos minutos...

Quizá finalmente se habían olvidado de él. Parecían conversar animadamente, pero había cierto nerviosismo en los movimientos de ella, que denotaba su inquietud.

Cuando el dolor de cabeza aumentó, se levantó y se fue.

Esa noche durmió mal. Soñó con las figuras del reloj de la plaza. Se movían como si estuviesen vivas y sus caras eran diferentes. Oía una música lejana que salía del reloj, pero no pudo identificar la melodía.

A las tres de la mañana se levantó. Se hizo una infusión de hierbas y comió algo de la cena que no había probado cuando llegó, a causa del insoportable dolor de cabeza. Puso en el tocadiscos los «Conciertos de Brandemburgo». Bach era el único que podía ahuyentar sus migrañas.

Al día siguiente era sábado. Hacía unos días que se había permitido el lujo de comprar una entrada para un concierto en el Metropole. Nunca había estado en esa sala y estaba ansioso por conocerla. Era un recital de piano de un tal Michel Loupin. Nunca había oído hablar de él, pero había escuchado un comentario en la radio diciendo que era muy bueno. Justamente, era el día que Karl cumplía 39 años. Era su regalo de aniversario. Se lo merecía.

La sala del Metropole le pareció magnífica. Se acomodó en su butaca. Era confortable y tenía buena visibilidad. Hacía tanto tiempo que no iba a un concierto…
Se sintió feliz.
De pronto su corazón le dio un vuelco. La pareja de jóvenes que había visto el día anterior en la plaza, estaba sentada dos filas delante de él. Al cabo de un momento, ella se giró y ambos se miraron un instante. Este reiterado encuentro sumió a Karl en un desconcierto inexplicable. Le costaba respirar y el temblor de manos empezó a manifestarse de nuevo.
De improviso, la luz de la sala se apagó y la oscuridad se hizo la dueña de su mente. Se sintió completamente vacío.
De entre la densa penumbra surgió una música luminosa. Sonidos que iban acercándose despacio y acariciándole. Una música que le limpiaba, le confortaba, le revelaba su propia esencia. El temblor desapareció y la vivencia de algo que poseía un brillo incandescente fue abriéndose paso, rasgando las tinieblas desde un lugar inexplorado y oculto dentro de sí mismo. Una especie de luz lunar que se colaba en su cuerpo y le iluminaba las entrañas.
Con lentitud, con serenidad, aquellas melodías se fueron apoderando de él, le iban penetrando, como un líquido translúcido que hacía desaparecer el peso de su cuerpo. En un momento dado ya no hubo mente, des-

aparecieron los pensamientos, todo él era simplemente un ser flotando ingrávido en la profundidad de un vacío azul. Se dejó llevar.

Ese sonido maravilloso de un piano, como nunca lo había escuchado, le atrapó en una telaraña plateada que le mecía suavemente.

No supo cómo llegó a su casa, pero se derrumbó en su cama y lloró de felicidad.

22

El tercer y último concierto de Michel, el dedicado exclusivamente a compositores rusos, fue un éxito absoluto, como lo habían sido los otros o aún más si cabe. Tchaikowsky, Rachmaninov, Shostakovich, Stravinsky… habían sonado a través de Michel de una manera nueva, desconcertante para muchos, pero como nunca antes los había escuchado el público de Lausana. Una de las obras más difíciles que se han escrito para piano, los «Tres movimientos de Petrushka» de Stravisnsky alcanzó tal éxito, que Michel tuvo que repetirla entera ante las peticiones del público.

Michel en tres días se había convertido en un mito.

A pesar de lo poco que le gustaban las entrevistas, a instancias de Peter tuvo que atender a críticos y periodistas, que concedieron una enorme difusión a aquel inesperado acontecimiento.

Yuri y Ra habían asistido al último recital y se habían vuelto a extasiar, ante la personalidad y el talento expresivo de su amigo.

Ra no había podido quitarse a Michel de la cabeza, desde que le escuchó por primera vez. Su música y sus ojos grises habían permanecido dentro de ella, como la picadura de una araña que le hubiese inyectado un dulce veneno.

Esta vez no fueron a saludar a Michel después del concierto. Le hicieron llegar una nota a través de Peter, explicando que tenían que tomar el tren para volver a Ginebra esa misma noche. Le mandaban un abrazo y le dejaban los teléfonos. También le agradecían la magia y trascendencia de su música y confiaban en que se verían pronto.

Cuando Michel leyó la nota, solo en el camerino, se sorprendió del sentimiento de decepción que le embargó, al no poder ver a Ra otra vez. Aquella mujer le había fascinado desde el primer instante. Había hecho surgir en él algo que hacía mucho tiempo que no sentía hacia otra persona: un deseo de conectar con ella, de conocerla mejor, de crear un vínculo afectivo, que hacía tanto tiempo que no tenía con nadie por culpa de las interminables horas de estudio.

Su único y exclusivo amor en ese momento era el piano. De pronto fue consciente de que no había tenido necesidad de una relación sentimental durante esos largos años. Un fugaz flirteo con una estudiante y alguna aventura sin compromiso habían sido lo único que le había ocurrido en todo ese tiempo. Sin embargo, cuando Raquel entró en su camerino y los ojos de ambos se cruzaron, algo cambió en su interior. Quizá eran solo imaginaciones suyas, pero también creyó vislumbrar en ella un impacto emocional que no le pareció fortuito. De todas maneras, era probable que allí acabase todo. Él vivía en Lausana y ella en Ginebra, tenían pocas probabilidades de contacto, porque no había nada en común que les uniese en su actual situación. Seguramente, esta inesperada ilusión se iría diluyendo con el tiempo y se borraría como una gota de agua sobre un cristal. Sin embargo, y a pesar de todo, tuvo el presentimiento de que volverían a verse y en unas circunstancias diferentes.

Peter dejó que transcurriese un día para que Michel pudiese recuperarse y apareció a la mañana siguiente en casa de sus padres.

Firmaron el contrato de representación. Peter estaba absolutamente eufórico. Sabía que Michel era oro puro y no tendría problema en situarlo en lo más alto de la élite interpretativa mundial.

Después de la firma descorcharon una botella de champán para celebrarlo. Sus padres, Selene y Jacques, se unieron a la celebración.

—Por los enormes éxitos que se avecinan —dijo Peter levantando su copa y todos le imitaron haciendo sonar las suyas al unísono, mientras la ilusión se adueñaba de todos.

Cuando se sentaron, Peter se dirigió a Michel:

—Michel, lo que has logrado en estos tres días en el Metropole ha sido algo extraordinario. Has asombrado al público y has conseguido la admiración de todos. La crítica ha empezado a hablar de ti y ya saben que eres alguien a tener muy en cuenta. Pero estamos aún a nivel local. Si queremos que tu nombre se conozca mundialmente, tenemos que llevar a cabo una serie de jugadas muy bien pensadas.

Hizo un silencio antes de proseguir.

—Y la primera de ellas es que te presentes al premio Chopin… y lo ganes.

Todos se quedaron en silencio. Michel miraba atentamente a Peter. Jacques preguntó:

—Peter, ¿por qué es tan importante que se presente a ese premio?

—Porque, como sabe muy bien Michel, es el más prestigioso del mundo. Es el trampolín internacional por excelencia... pero únicamente si lo ganas... ahí está la dificultad. Se celebra en Varsovia solo cada cinco años. Podemos aprovechar la circunstancia de que solo faltan siete meses para la próxima convocatoria. Desde luego, es dificilísimo. Se presentan los mejores, los escogidos, los pianistas más interesantes del mundo y hay una terrible selección. Allí no basta con tocar bien. Tienes que hacer que el jurado, que está compuesto por extraordinarios intérpretes y directores, se emocione escuchando algo fuera de lo común. Tiene que haber algo en la forma de enfocar la música, que enamore a un tribunal que lo ha visto todo y es extremadamente exigente.

—¿Crees que Michel podría ganarlo con solo siete meses de preparación —preguntó Selene.

—Realmente es un tiempo bastante justo, porque las obras que piden son muchas y hay que aprenderlas a la perfección, pero también pienso que algunas de las obligadas ya las tiene Michel en su repertorio. Y además, estamos hablando de la persona que ha conmocionado la ciudad y que asombrará al mundo. O sea, que la respuesta es sí —dijo sonriendo.

—Muchas gracias Peter por tus hermosas palabras de ánimo —dijo Michel—, pero soy yo el que tengo que ir a la guerra y ahora mismo estoy tan agotado, que no puedo ni pensar en el piano.

De un salto se puso en pie y levantó su copa con una sonrisa.

—¡Pero lo haré! Sí, quiero hacerlo. Brindemos por ello.

Todos se levantaron y mirando a Michel gritaron:

—¡Por el premio Chopin!

Bebieron, se rieron y se abrazaron. Luego Peter les pidió que se volviesen a sentar.

—Una última cosa: tú vas a tener que hacer algunas consultas técnicas para preparar bien las obras y yo voy a empezar a mover algunos hilos y a presentarte a algunos personajes clave para tu futuro. No puedes vivir en una ciudad tan pequeña como Lausana y menos con tus padres. Perdón, señores Loupin, pero es así. Vamos a buscar el lugar más adecuado para tu lanzamiento internacional.

A Michel le vinieron inmediatamente dos nombres a la cabeza: Prodini y Ra. Con voz firme pronunció una sola palabra:

—¡Ginebra!

23

Ginebra, enero de 1985.

El invierno abrazaba la ciudad con fuerza. Las deshojadas ramas de los árboles que brillaban con los cristales de nieve y los remolinos de viento anunciaban el dominio del frío. Una luz mortecina y gris alargaba las sombras y mataba los reflejos. A principios de enero, la orquesta de la Suisse Romande había reanudado sus ensayos.

Horst Stein, el director, les dio la bienvenida a la nueva temporada y les exhortó a seguir trabajando duro, para mantener e incluso aumentar el nivel artístico de la orquesta.

Les explicó que ese año se había programado una importante producción operística en colaboración con el Grand Théâtre de Ginebra, que él personalmente había propuesto: el ciclo completo de «El Anillo del Nibelungo» de Richard Wagner. Les animó a todos a hacer un esfuerzo suplementario dada la envergadura y la extensión de las óperas wagnerianas, pero les aseguró que sin duda este esfuerzo merecería la pena, ya que el universo del gran compositor alemán era un reto colosal y poderosamente estimulante, que haría que la orquesta diese un paso más en su evolución.

—Además, nos han invitado a tocar a Bayreuth, el teatro que él mismo fundó. Cuando culminemos esa etapa habremos entrado en el *Walhalla* —dijo sonriendo—. Seremos otros.

Ra no había vivido nunca la experiencia de acompañar una ópera y le hacía ilusión. Se lo comentó a Yuri en un descanso del ensayo.

—No te preocupes —dijo él—, ya tendrás oportunidad de arrepentirte. Con las cuatro óperas del ciclo acabarás más que harta del señor Wagner.

—Pero ¿por qué?

—Ese tío estaba como una cabra. ¡Óperas de más de cuatro horas! Con una orquesta el doble que la de ahora, varios coros y multitud de solistas. Ya verás lo que es sudar tinta china metidos en un foso bien apretujados, tocando durante interminables horas y tan fuerte, que al terminar tus dedos estarán hinchados como enormes salchichas alemanas.

Ra soltó una deliciosa carcajada. Luego intentó poner cara seria y dijo:

—Pues a mí la ópera me encanta, sobre todo la italiana, así que ya veremos, quizá mis dedos se conviertan en finos y delicados macarroni napolitani...

—Estarán para comérselos con un poco de queso rallado —dijo Yuri tratando de morderle los dedos.

Ra gritó y se alejó de él riendo.

Michel había alquilado una bonita casa con jardín, en un barrio residencial de Ginebra. Era cara, pero necesitaba estar aislado para poder preparar las obras del concurso durante largas horas, sin molestar a nadie. Sus padres le dieron el empujoncito de pagar la entrada y la fianza de dos meses. A partir de ahí, se espabilaría solo. Los conciertos del Metropole habían sido un éxito financiero y se había embolsado bastante dinero, gracias a un trato de última hora que Peter había negociado con Lucien sobre un porcentaje de la taquilla.

La casa tenía un salón comedor grande y luminoso. En un lateral un poco recogido, Michel había hecho colocar el Steinway. Desde el piano podía divisar una parte del lago.

Desplegó con cuidado los papeles que había fotocopiado con las bases del concurso y comenzó a repasar el repertorio obligado que tendría que aprenderse. El premio Chopin era el único dedicado a un solo compositor, así que todas las obras estaban compuestas por el maestro polaco:

—«Nocturno op. 48, n° 2».

—«Polonesa op.26, n° 1».

—¡Bien! —pensó. Esta la tenía en su repertorio.

—«Sonata op.34 en Si bemol menor».

—«Polonesa op. 53 en La bemol»: esta la conocía bien y la tenía muy trabajada.

Finalmente, podía escoger entre uno de los dos conciertos para piano y orquesta. Escogería el de mi menor, era su favorito.

Pensó que tendría que estudiar bastante, sobre todo la sonata. Era una obra difícil, pero maravillosa. Llena de matices, colorista y apasionada, pero tendría que encontrar una forma de tocarla que sorprendiese al tribunal. Una fórmula nueva y personal de abordarla, algo que nadie más hubiese hecho, porque era muy conocida y generaciones de pianistas habían hecho versiones espléndidas de ella.

Volvió a repasarlo todo con cuidado. Tendría que emplearse a fondo, pero parte del trabajo ya lo tenía hecho y eso facilitaba el poder acabar de asumir el repertorio en el poco tiempo de que disponía.

Eran ya las siete y media de la tarde. Se quedó pensativo un momento, antes de decidirse a sacar la agenda y marcar un número. Al cabo de un buen rato, alguien cogió el teléfono.

—Profesor, buenas tardes, soy Michel Loupin.

—Vaya, vaya, Loupin, ¿cómo está?

—Muy bien profesor, estoy de vuelta en Ginebra, ahora vivo aquí.

—Bien, me alegro. Por supuesto, me enteré de sus conciertos en el Metropole, le felicito.

—Muchas gracias profesor.

Hubo un momento de silencio. Luego Michel exclamó impulsivamente:

—Me presento al premio Chopin…

Silencio.

—Me preguntaba si usted querría ayudarme a prepararlo. Solo quedan unos meses.

—¿Qué obras son?

—Sobre todo lo que me preocupa es la sonata en Si bemol menor y el concierto para piano número uno.

Prodini estaba pensando, a juzgar por su silencio.

—Empezaremos mañana. A las diez. En punto. Quiero primero oírle tocar. Me han dicho que ha encontrado un estilo muy personal.

—Bueno profesor, he procurado seguir sus consejos de ser yo mismo y no imitar a nadie, y da resultado, por lo que he podido ver.

—Mañana a las diez.

Se oyó un clic. Prodini había colgado el auricular.

Michel sonrió y colgó lentamente el suyo.

24

Ginebra, primavera de 1985.

Los ensayos con la orquesta empezaban a ser de una intensidad devastadora, tal como les había advertido Stein. Aquella tarde de principios de marzo, parecía que el verano hubiese vuelto de visita a la ciudad, trayendo consigo una brisa cálida y un luminoso cielo azul que invitaba a pasear.

Ra no tenía ningunas ganas de ir a casa y aún menos de estudiar el violín, después del intenso ensayo de la mañana.

Había quedado con Yuri para cenar, pero mientras tanto le apeteció aprovechar la espléndida tarde paseando y dejando que la mente vagase sin pensar en nada concreto. Lo necesitaba.

Estuvo bordeando el lago un buen rato, disfrutando de un tranquilo paseo por el Parc de la Grange y después se adentró por las calles de brillantes adoquines de piedra que conducían a la parte antigua. Se detenía a mirar los escaparates de algunas tiendas bonitas mientras deambulaba y fue notando que, poco a poco, su cuerpo se iba relajando y su respiración se hacía más calmada.

Sin darse cuenta se encontró delante de la *Mozart Haus*, una de las tiendas de partituras más antiguas de Ginebra. Había comprado muchas obras allí y conocía a los dependientes. Le gustaba aquel local de madera con lámparas de pequeños cristales translúcidos. Era fácil encontrar lo que buscabas, gracias a una concienzuda clasificación por autores, épocas, instrumentos e intérpretes.

Decidió entrar a echar un vistazo. Siempre había algo interesante que descubrir.

Saludó al dependiente que estaba en el mostrador atendiendo a varios clientes y buscó el pasillo donde se encontraban las obras para cuerda.

Estaba concentrada mirando las fichas, cuando notó un delicado toque en el hombro.

Cuando se volvió, su corazón le dio un vuelco. Michel Loupin la miraba sonriente.

—Vaya, vaya, *mademoiselle* Buffetti. No te pregunto qué haces aquí, porque es evidente.

Ra se sintió bastante turbada, pero con la sonrisa más encantadora que encontró a mano contestó:

—Pues tropezar contigo aquí, sí que es una gran sorpresa Michel. ¿Qué estás haciendo en Ginebra?

—Ahora vivo aquí. Me estoy preparando para el premio Chopin y necesitaba estar solo y aislado para hacerlo. He alquilado una casa cerca del lago.

—Vaya, el premio Chopin... Eso sí que es jugar en Primera División. ¿Cuándo es?

—Dentro de unos meses. Tengo bastante bien una parte del repertorio, pero debo estudiar a fondo obras que no he tocado nunca.

—Después de oír tus dos conciertos en el Metropole, no tengo dudas de que puedes ganarlo por muy difícil que te lo pongan. De verdad Michel, aquello fue algo extraordinario. La segunda vez no pudimos saludarte y me supo muy mal, pero créeme si te digo que jamás había escuchado aquellas obras así, con esa valentía, pero también con una profundidad que te dejaba sin respiración y te hacía crecer, porque te transfiguraba.

—Aprecio mucho tus palabras Raquel, y estoy muy feliz de haber podido ofrecerte esa… conexión contigo misma. Tengo que decirte que para mí también fue algo inesperado. Todavía no acabo de entender muy bien cómo se produce ese mecanismo que te hace ir más allá de ti mismo y te sumerge en un sueño del que únicamente despiertas al final, cuando cae la última nota de las miles que has manejado ese día.

Ra le miraba y en sus ojos se reflejaba el deleite de poder hablar en la intimidad con aquella persona a quien admiraba.

Michel le dedicó una sonrisa, mientras le decía:

—Tienes los ojos especialmente brillantes ahora mismo. Diría que son fascinantes.

—Gracias Michel, tú tampoco estás mal.

Los dos rieron.

—Oye, hoy ya he estudiado todo lo que me tocaba y supongo que tú también. ¿Por qué no disfrutamos de lo que queda de esta tarde maravillosa, tomándonos un café en algún sitio y seguimos charlando?

Raquel notó un hormigueo en el estómago, no sabía por qué Michel la hacía sentirse insegura, pero la oportunidad de conocer mejor a un genio de la música no se presentaba cada día.

—De acuerdo —dijo con decisión—. Disfrutemos de este encuentro.

Salieron de la *Mozart Haus* y caminaron bordeando el Lemán hasta llegar al *Jardin Anglais*. Cerca del famoso reloj de flores vieron una terraza amplia, donde las incipientes hojas de los tilos jugaban con el sol y la sombra. Les pareció un lugar perfecto para sentarse.

No había muchos clientes y un joven camarero les atendió enseguida.

—¿Qué quieres tomar? —preguntó Michel.

—Pues no sé... lo mismo que tú.

—Este encuentro hay que celebrarlo. Tráiganos dos copas de champán. ¿Tiene Moët & Chandon?

—Por supuesto señor.

—Pues mejor una botella bien fría y dos copas. Gracias.

—Enseguida señor.

Ra no sabía muy bien cómo reaccionar. Por un lado Michel le fascinaba; por otro, él era una figura de prestigio y lo sería aún más y ella no entendía qué podía ofrecerle. Además, estaba Yuri. Con él se sentía más de igual a igual...

—¿En qué piensas Raquel?

—Mis amigos me llaman Ra.

—Entonces, ¿si te llamo Ra me convertiré por arte de magia en tu amigo? —dijo Michel con una sonrisa.

—Bueno, podría ser, aunque también tengo reservado el derecho de admisión.

El camarero trajo el champán en una cubitera con hielo.

—Yo lo abriré, gracias.

—A usted señor.

Dio media vuelta y se alejó.

Un ruido sordo y el tapón voló por los aires, mientras el chisporroteante líquido llenaba las dos copas y se derramaba alegremente por el borde.

Michel mojó dos dedos en el champán derramado y tocó suavemente la frente de Ra.

—¡Alegría y buena suerte! Brindemos por el futuro. Pero hay que mirarse a los ojos —dijo él.

Ra sintió que unos profundos y abisales ojos grises penetraban a través de los suyos, como si la poseyesen por dentro. Una mirada que entró para cogerle el alma desprevenida. Los cristales se tocaron con un «clin» transparente. Ella desvió la mirada y bebió un sorbo de aquel líquido dorado y excitante. Estaba *touchée* y lo sabía. Buscó un tema de conversación:

—¿Has visto a Prodini?

—Sí, llevo varias sesiones con él. Parece que ahora se lo ha tomado muy en serio. Me trata diferente, ya no soy «su estudiante». Creo que piensa que he subido de nivel. Me hizo tocar un buen rato, antes de enfocar las obras que quería consultarle. Cuando acabé, se quedó en silencio y después me dijo: «Loupin, usted ha conseguido lo que muy pocos consiguen: crear una verdad tocando. Es "su verdad", claro, pero precisamente por eso es importante. Usted toca desde su cuerpo y en el cuerpo reside todo: la mente, el latido, la respiración y también la espiritualidad y la transcendencia. Y consigue todo eso, sin ser ampuloso ni exagerado. Le felicito».

—Madre mía, para que Prodini diga eso…

—Sí, me cogió desprevenido, pero me ha hecho recapacitar y noto que me ha dado mucha confianza. También ha servido para consolidar una relación con él mucho más positiva, casi amistosa, diría yo. Siento que me está ayudando más que nunca.

Los dos bebieron un trago.

—¿Y qué me cuentas de ti Ra? ¿Qué estás haciendo?

—Bueno, ya sabes, en la orquesta con Yuri. Estamos preparando «El Anillo del Nibelungo» para el Grand Thèâtre.

—¿Entero? ¿Las cuatro óperas?

—Pues sí. Los ensayos son como si te pasasen por encima todos los caballos de las Walkirias, acabo agotada. Pero Stein es alemán y Wagner su compositor preferido. La verdad es que nos hace sentirlo como lo vive él. Estoy aprendiendo mucho.

—¿Qué tal con Yuri? ¿Qué relación tenéis?

Ra notó cierto nerviosismo antes de contestar.

—Pues no lo sé muy bien. Yo le aprecio muchísimo y él también. Me trata como a una reina y puedo sentir que soy yo misma a su lado. Tenemos una gran confianza y nos reímos mucho. Lo que no sé es si esta relación puede convertirse en algo más profundo.

Ra se dio cuenta de que no le había confesado que a veces dormían juntos.

—Yuri es una gran persona —dijo Michel—. Se hace querer.

—Michel, sé que fuisteis muy amigos durante un tiempo y me gustaría preguntarte una cosa, si no te importa. Todavía me da vueltas en la cabeza una frase que dijo Peter Greenfield el día que fuimos al Metropole. Habló de la muerte de Nadine. Él nunca la menciona, nunca habla del cuarteto, ni siquiera sé cómo se llamaban, y yo no me atrevo a preguntarle, porque siento que es un tema muy doloroso para él. ¿Podrías decirme qué pasó?

Michel guardó un momento de silencio antes de responder.

—Se llamaban cuarteto *Constanza*, por el lago y también porque era el nombre de la mujer de Mozart.

—¡El Constanza! Claro, los había escuchado alguna vez por la radio, eran maravillosos. Yo en esa época era muy joven. No sabía quiénes eran los componentes. ¡Dios mío, Yuri era el primer violín del Constanza!

—Sí. Y Nadine tocaba la viola. También era la novia de Yuri. Era una intérprete excepcional y una persona maravillosa. Era la única mujer del grupo y todos la queríamos y la admirábamos. Siempre era capaz de conseguir un acuerdo cuando había alguna disputa; les calmaba y les ayudaba a entenderse. Era mayor que Yuri, unos años más. Una noche volviendo del ensayo tuvo un accidente de coche. Un camión la hizo salirse de la carretera y su coche se despeñó por un barranco. Murió en el acto. Fue una conmoción brutal para todos, pero especialmente para Yuri, que estuvo destrozado durante mucho tiempo. El cuarteto no pudo seguir, se deshizo porque era imposible que alguien pudiese sustituir a Nadine. Su recuerdo aún está muy vivo en todos nosotros.

—¡Dios mío! No sé qué decir. Que una persona desaparezca así, en un momento… Por eso Yuri nunca habla de este tema. Debió ser para él el dolor más grande de su vida.

—Sí. De alguna manera hizo un cambio. Antes era mucho más alocado. Se hizo más maduro e introspectivo. La muerte nos hace más transcendentes a todos. A mí también me afectó mucho, Nadine y yo habíamos sido compañeros de algunas asignaturas en la HEM. Era una mujer excepcional.

—Muchas gracias por hablarme de este tema tan difícil Michel, ahora puedo entender más a Yuri.

Siguieron hablando, cada vez con mayor confianza y cordialidad. Michel le preguntó por su vida en Roma antes de venir a Suiza y ella a su vez por cómo se había sentido al ver al público del Metropole tan entregado. Charlaban y bebían, mientras el sol se ocultaba y el frescor de la noche empezaba a hacer evidente el otoño.

Hubo un momento en que las palabras se agotaron y una complicidad silenciosa se extendió entre ellos. Sus ojos se encontraron en una cálida mirada que abría caminos. Entonces Raquel se oyó a sí misma decir con un hilo de voz:

—Michel, me tengo que ir.

—Claro Ra, se ha hecho muy tarde. Vaya, se me ha pasado en un momento.

—A mí también. Bueno Michel, gracias por todo. Me alegro mucho de haberte encontrado.

Se acercó para despedirse y notó los labios de Michel que rozaban con suavidad los suyos.

—Adiós Ra. Tengo tu teléfono…

—Sí, lo sé. Te lo dejé escrito.

Michel se volvió a sentar y Ra se fue alejando despacio. Sabía que él la seguía con la mirada, pero no se volvió. Caminó unos diez minutos. La cabeza le daba vueltas. La combinación champán—Michel era letal.

Buscó una cabina y llamó a Yuri. Le dijo que le dolía la cabeza y mejor se iba a casa.

25

Lausana, primavera de 1985.

Karl Heinzel, el relojero, no había podido dormir bien desde su vivencia en el concierto del Metropole. Se había sentido muy confuso, quizá por la novedad de asistir a una audición en directo después de tanto tiempo, o quizá porque la forma de tocar y la personalidad interpretativa de Michel Loupin le habían afectado profundamente, removiendo sentimientos y emociones enterradas en su memoria.

Todas las noches le venía en sueños una música que no lograba identificar, pero que daba vueltas en su cabeza, como un insecto revoloteando alrededor de una vela. Y tenía miedo. Miedo de quemarse como una polilla. Miedo de que su mente pudiese sobrecargarse y provocar un cortocircuito que acabase fundiendo los plomos. Sus plomos... Plomo fundido en sus venas, en vez de sangre... esta era la imagen. Venas oscuras que transportaban un líquido plateado y espeso que a veces le provocaba dolor en la espalda, pero que, sobre todo cuando llegaba a la cabeza, se hacía insoportable.

Un momento antes de que aquella música dejase de sonar, aparecía en su mente la visión de su madre muerta y rígida en la cama. La diferencia era que durante las últimas ocasiones, ella movía lentamente la cabeza y le miraba con sus penetrantes ojos azules, que él tan bien conocía. Entonces se despertaba aterrorizado y temblando, incapaz de recomponerse hasta pasado un buen rato.

¿Podía influirle aquella casa? Aunque la tienda le gustaba bastante, con la vivienda no acababa de sentirse satisfecho. Al ser un interior, tenía poca luz y la distribución no era precisamente armoniosa. Quizá más adelante haría reformas estructurales para agrandar la sala de estar, que era pequeña y poco acogedora. Quizá esa casa ayudaba a no sentirse confortable y dormir peor... pero era solo una pobre hipótesis.

Aquella mañana, cuando abrió la tienda notaba el cuerpo entumecido y cansado. Había vivido los sueños recurrentes con una gran intensidad y aún estaba afectado. Sabía que lo mejor era ponerse a trabajar en el taller. Concentrarse en los mecanismos le hacía sentirse útil y vivo. En cambio, cada vez le costaba más el trato con los clientes. Algunos eran exigentes y antipáticos. A veces pagaban con él su mal humor o mostraban un trato poco considerado que le dolía profundamente. Sin embargo, los pocos clientes que habían entrado aquella mañana habían sido amables con él. Un día de suerte.

Cuando acabó la jornada decidió dar un paseo. Le gustaba Lausana y quería acabar de conocerla. Era mucho más bonita que Zúrich y la primavera empezaba a vestir de alegres colores los espléndidos árboles de la ciudad. Ver cómo nacían sus hojas le encantaba. Karl los consideraba a su manera relojes. Siempre marcando el paso del tiempo. Un ciclo invariable desde hacía millones de años. Cada hoja un segundo del infinito.

Decidió dirigirse al bosque de Sauvelin, un parque donde estaban los árboles más hermosos de Lausana. En esta época estaría radiante.

Cruzó la puerta de entrada franqueada por grandes parterres de camelias blancas y rojas y se adentró en la parte más solitaria del recinto. Las enormes hayas con raíces llenas de musgo y arces de hojas de un rojo fuego, se entremezclaban con tilos, abetos y cerezos salvajes, creando un entorno misterioso y acogedor.

Por aquella parte del parque apenas había nadie. Una pareja a lo lejos, paseaba cogida de la mano. Un joven en bicicleta… silencio… solo interrumpido por el canto de algunos pájaros.

Se adentró por un camino serpenteante y sombreado, que bordeaba un pequeño estanque con nenúfares y cañas de bambú.

Cuando llegaba a un frondoso roble, cuyas hojas formaban un dosel que casi tapaba el cielo, observó a unos cincuenta metros la silueta de una persona medio agachada que, apoyándose en un bastón, trataba de recoger del suelo alguna cosa con mucha dificultad.

Se acercó y vio a una mujer bastante anciana, a la que al parecer se le había caído una pequeña bolsa de cuero, desparramando entre las piedras del camino unos pequeños objetos blancos que Karl no pudo identificar.

—Permítame, yo la ayudaré.

Karl la cogió del brazo y la ayudó a incorporarse.

—Muchas gracias joven, se me ha caído y cada vez me cuesta más trabajo agacharme.

Karl fue guardando los extraños objetos en la bolsa de piel y cuando se la hubo entregado le preguntó:

—¿Qué son?

Entonces por primera vez se fijó en el rostro de la mujer. Su tez era muy oscura, igual que sus ojos, y parecía muy mayor, aunque tenía pocas arrugas. Llevaba el pelo blanco recogido y vestía con gran sencillez. A pesar de su avanzada edad, su cuerpo parecía extraordinariamente fuerte. Había una ligera sonrisa en su cara, mientras miraba a Karl con sus brillantes y extraños ojos.

—Son huesos del cuello de un uaipú.

—¿Un uaipú? ¿Qué es eso?

—Es un pájaro del Perú. Un ave sagrada. Se utiliza para rituales de adivinación en mi país —dijo en un francés con acento marcadamente latino—. Quiero darte las gracias por tu ayuda. Me llamo Gloria y soy peruana. Ya ves hijo, cada vez estoy más torpe, se me ha caído la bolsa y se han esparcido los huesecillos por el suelo. Sin tu ayuda me habría costado mucho esfuerzo encontrarlos. Te lo agradezco.

Señaló un banco con el bastón.

—Ven, sentémonos un momento. Noto que me duele la espalda por el esfuerzo. Necesito descansar. Hijo, procura no hacerte viejo —dijo sonriendo.

Karl la ayudó a sentarse.

—Vengo bastante a menudo por este bosque. Me gusta. Hay muchos árboles que me recuerdan a mi tierra. En Perú también tenemos grandes montañas con árboles inmensos. Llevo años aquí, pero no puedo olvidarme de mi país.

Hubo un momento de silencio. Ella se le quedó mirando con una perturbadora intensidad e inesperadamente le dijo:

—¿Tú eres el relojero, verdad?

Karl dio un respingo y un escalofrío le recorrió la espalda.

—¿Pe... pero cómo lo sabe?

—Lausana es una ciudad pequeña —dijo Gloria con una sonrisa.

Karl estaba aturdido. Ella prosiguió:

—Siento que estás pasando un momento muy difícil. Puedo sentir tu soledad y el dolor que te envuelve en estos momentos. Un dolor que no encuentra salida.

Le cogió las manos.

—Quiero que vengas a verme. Lo necesitas. ¿Tienes un bolígrafo?

Karl sacó un bolígrafo del bolsillo de la americana.

Ella le subió la manga de la chaqueta, le desabrochó la camisa y escribió en su antebrazo izquierdo: Rue de la Lune, 17.

26

Después de la experiencia musical con Desi, Ra había pasado muchas tardes en casa de Martine tocando su violín para las dos. Varias veces a la semana buscaba el momento para acercarse a ellas y disfrutar de la increíble reacción de la niña a las melodías que nacían de su instrumento.

Estas sesiones se habían convertido en un espacio casi espiritual, que sumergía a aquellas tres mujeres en un trocito de tranquila felicidad. Ra se sorprendió al darse cuenta de cuánto necesitaba aquellos momentos. Martine y ella se habían convertido en grandes amigas y se había creado un sentimiento de cariño y respeto mutuo que crecían día a día.

Martine le comentó un día su certeza de que Desi esperaba con especial interés aquel momento de la tarde, en que la música la ayudaría a sentirse mejor. Y le confesó que también para ella misma era el momento más esperado y deseado del día. Un tiempo mágico, en el que le era permitido relajarse. Primero observaba cómo Desi disfrutaba profundamente. Entonces ella cerraba los ojos y se dejaba llevar por aquel sonido que, como una alfombra voladora, la transportaba lejos de allí, a un mundo nuevo donde no había dolor ni tristeza.

Aquella tarde, mientras tomaban el té, Ra notó que en los ojos de Martine había una sombra de melancolía.

—¿Te ocurre algo?... te veo un poco apagada y después de la música sueles estar radiante —preguntó Ra.

—Quería decirte una cosa. Y es algo que me produce alegría y a la vez una pena enorme. Lo que me ocurre es que, a pesar de tu apoyo y tu amistad, que sabes que aprecio como algo excepcional, me es cada vez más difícil cuidar yo sola de Desi. Ha crecido tanto, que para mí es ya prácticamente inmanejable.

—¿Y no puedes buscar la ayuda de una persona que venga unas horas al menos?

—La verdad es que no. La vida en Suiza es muy cara y yo, al estar cada día con ella, no puedo ni pensar en trabajar. Todo depende de Stelian y su salario en Francia nos da lo justo para vivir, pero este tipo de extras no nos los podemos permitir. Hace poco llamé a una agencia especializada que enviaba cuidadores a domicilio para informarme, pero pedían un sueldo demasiado alto para nosotros. Piensa que una niña como Desi genera muchos gastos. Va creciendo y las sillas se le quedan pequeñas y hay que comprarlas nuevas o adaptarlas. La adaptación la hacen los fisioterapeutas, que además tienen que practicar con ella sesiones frecuentes para que el sistema muscular no se atrofie. Solo los gastos de los fisios ya son muy elevados. Además, necesita alimentación especial. No puede beber agua líquida, tiene que ser en forma de gelatina, porque le cuesta mucho deglutir. Su alimentación, al ser especial, es cara, y luego están los medicamentos.

—¿Y no tienes ningún apoyo por parte del Estado?

—Nosotros no somos suizos, somos inmigrantes, aunque llevemos años aquí. El gobierno cantonal nos da una pequeña ayuda, pero no es ni de lejos suficiente para lo que necesitamos.

Hubo unos momentos de silencio.

—¿Y qué has pensado hacer?

—Tengo una hermana en Francia, en Lyon. Me telefoneó hace una semana. Su marido ha muerto después de una larga enfermedad.

—Lo siento Martine.

—Gracias. Yo no le conocía mucho, era su segundo marido y ya estábamos en Suiza cuando se conocieron y se casaron. Hace un año le descubrieron un cáncer, que ahora ha acabado con él. Se ha quedado sola.

—¿Es mayor que tú?

—Sí, casi cinco años. Me ha pedido que nos vayamos a vivir con ella. Los tres. A Stelian ya le han concedido el traslado a la fábrica que la empresa tiene en Lyon y mi hermana me apoyaría con Desi. Entre las dos podemos atenderla muy bien. Además, yo podría trabajar, aunque fuesen unas horas, y eso nos ayudaría a todos, incluso a ella, porque yo le pagaría por el alquiler del piso y los gastos. Perdió su trabajo al tener que cuidar a su marido. La situación aquí es insostenible para mí, y para ella tampoco es fácil.

—¿Cómo se llama?

—Pauline. Nos queremos muchísimo y nos hemos echado de menos todo este tiempo. Ahora podríamos cuidarnos las dos. También cuenta que, al ser yo francesa, tendría más ayudas del gobierno si vivo allí.

Los ojos de Ra se nublaron.

—Os echaré mucho de menos. A ti y a Desi. No sabes cuánto os he llegado a querer.

Las lágrimas brotaron imparables. Martine la abrazó. Estuvieron un rato sin poder decirse nada llorando juntas. Finalmente, Martine se separó enjugándose los ojos y miró a Ra con un cariño inmenso.

—Lo que tú me has dado lo guardaré siempre en mi corazón —le dijo—. Es mi tesoro. El regalo más bonito que me han hecho nunca. Te admiro y te quiero de verdad, eres una mujer maravillosa Ra.

—Gracias Martine. Pasaré a veros por Lyon y volveré a tocar para vosotras.

—Desde luego, tengo muy claro que uno de los objetivos preferentes en el tratamiento de Desi es la música. Lo primero que haré cuando llegue allí será buscar a alguien que toque para ella. Nunca podrá ser como tú, porque tú le dabas la música envuelta en amor, pero esta niña conquista los corazones sin hacer esfuerzo y creo que también provocará el cariño de quien venga.

Ra sonrió.

—Tu música ha sido para ella la mejor ayuda que podía tener. A partir de que empezaste a venir se interesa más por el entorno, la tensión muscular se ha distendido un poco, con lo cual respira mejor, y sobre todo está alegre. ¿Qué más puedo pedir?

—¿Cuándo os vais?

—Pronto. Dentro de dos semanas.

—Haremos una gran despedida.

—Claro. No lo dudes.

Las dos sonrieron, cuando se dieron cuenta de que la niña las miraba con curiosidad.

Al cabo de unos días, a última hora de la tarde, cuando en Ginebra empezaban a encenderse las primeras luces, Ra oyó que llamaban a la puerta.

Cuando abrió, se sorprendió al encontrar frente a ella a un hombre joven y fuerte, con un ramo de rosas blancas en la mano.

—Buenas tardes Ra.

—Hola. ¿Nos conocemos?

—Soy Stelian, el marido de Martine.

—Uf, Claro, sí… perdona, no te había reconocido.

—No te preocupes, solo nos vimos una vez un momento cuando yo salía. ¿Te acuerdas?

—Ah sí. Pasa, por favor.

Stelian entró, pero se quedó de pie en el vestíbulo.

—Son para ti —dijo acercándole el ramo.

—Muchas gracias, pero no era necesario.

—Es solo una pequeña muestra del inmenso agradecimiento que tenemos, por todo lo que has hecho por nuestra hija.

—Ha sido un honor y un placer, porque en realidad lo que ha surgido entre nosotras ha sido un intercambio. Nunca había tocado para alguien que escuchase y viviese la música de la manera en que ella lo hace. Ha sido una experiencia que me ha marcado para siempre. Quiero seguir ofreciendo mi música a otras personas que lo necesiten. Así que ya ves que yo también tengo mucho que agradeceros.

—He pasado para decirte que el próximo domingo nos vamos. Queremos invitarte mañana a comer. Por favor, no nos digas que no —sonrió.

—No te preocupes Stelian, allí estaré.

Ra tuvo de pronto una idea.

—Después de comer, ¿podría invitar a unos amigos para hacerle a Desi una bonita despedida?

—Claro, lo que tú quieras.

Aquella tarde del sábado, Martine y Stelian vivieron la velada musical más increíble que habían presenciado nunca. Allí estaban Ra, Yuri y el *signore* Carmelo, el vecino del segundo.

Primero sonó una versión que había preparado Ra del concierto para dos violines de Bach y tras él un montón de piezas más: canciones, duettos... Después, el señor Carmelo se sintió el hombre más feliz de la Tierra, entonando sus queridas arias de ópera, acompañado por aquellos dos músicos excepcionales. Desi estaba embelesada y sus padres no podían dejar de reír emocionados.

Hablaban, cantaban, bebían y disfrutaban de aquellos momentos de felicidad tan escasos en aquella casa.

Hasta Stelian cantó con ojos empañados y una poderosa voz, una canción popular rumana, que gustó tanto al señor Carmelo, que acto seguido se atrevieron a cantar a dúo el Kalinka, acompañados por Ra al violín y con Yuri bailando a lo «cosaco» alrededor de la mesa del comedor, mientras Martine les animaba dando palmadas y gritos de ánimo. Hasta Desi, que les miraba sin acabar de creer lo que estaba ocurriendo a su alrededor, dejó escapar un sonido semejante a una gran carcajada.

Todos se dejaron embargar por un sentimiento de profunda alegría, al comprobar lo generosa que podía llegar a ser la vida cuando quería.

27

Ginebra, junio de 1985.

El encuentro con Michel había dejado a Ra bastante desconcertada. Se había sentido tan cómoda conversando con él, que le costaba asimilar aquella cálida sensación. Estaba segura de que ambos habían percibido el ambiente de confianza y cordialidad que se había desplegado en torno a aquellas copas de champán. Pero ¿cómo era posible? Apenas se conocían y sin embargo se habían sentido como dos viejos amigos.

Pensó que a veces la vida te hace recorrer largos caminos y en cambio, en otras circunstancias, te conduce por atajos imprevisibles, en una extraña secuencia que borra toda lógica. La fusión con Michel había sido instantánea.

—Es como la ley de la gravedad en horizontal —se dijo a sí misma sonriendo—. Vas tan rápido como en caída libre.

Por otro lado, le preocupaba su relación con Yuri. ¿Por qué no le había dicho a Michel que eran amantes? Ni ella misma lo sabía, pero presentía que el decírselo podría hacer que Michel se alejase de ella. Y no quería.

Era consciente de que Michel estaba en un plano tan diferente del suyo, que sería muy difícil tener una relación de igual a igual. Sin embargo, alguna fuerza invisible le hacía creer que todo era posible y ella y Michel podrían tener un futuro juntos.

Esta misma idea la espantó. ¿Qué pasaba con Yuri? ¿No había construido también con él una proyección de futuro? Sabía que Yuri estaba muy enamorado, pero, por su parte, ella no acababa de tener claros sus sentimientos. Desde luego le quería, pero con un amor quizá diferente del que podía sentir él y eso la preocupaba. Después de la conversación con Michel sobre Nadine, había descubierto el secreto que yacía en el fondo del corazón de Yuri.

¿Por qué, a pesar de la confianza que se tenían, nunca le había hablado del cuarteto ni de aquella mujer?

Sabía que Yuri era muy sensible, pero después de enterarse de la desaparición de Nadine, pensó que por debajo de esa aparente seguridad en sí mismo, su amigo también podía ser muy frágil. Decidió no decirle nada sobre su encuentro con Michel, sabía que podía desazonarle y no quería hacerle el menor daño por nada del mundo. Sin embargo, sí que le pareció que era hora de hablar del cuarteto. De ese tema prohibido. No estaba a gusto con ese secreto flotando entre los dos. Si eran amigos de corazón, no podían tener obstáculos.

Habían quedado en el Café de l'Opéra a media tarde, quizá sería el momento para hablar tranquilamente del tema.

Decidió ir dando un paseo hasta el Café. Le gustaba caminar bordeando el lago y haciéndose invisible para observar todo lo que ocurría a su alrededor. Se fijó en la profusión de personas que en aquellos momentos iban y venían por las calles, tal como ella misma estaba haciendo, y sintió que aquel momento era irrepetible. Jamás se volvería a dar la circunstancia de coincidir con todos y cada uno de aquellos «colegas de calle» en aquel tiempo y lugar. Si pudiese congelar la vida en aquel instante, sería una foto que le gustaría guardar para siempre. Sin embargo, sintió con toda su fuerza que el misterio del tiempo era insondable. En realidad no existía, pero nos sometía a todos a su voluntad y nos iba llevando hacia nuestro destino. Fue consciente de que la vida cambiaba a cada segundo y que cada momento era único y mágico. Todas aquellas personas seguirían su camino y sus vidas se irían entrecruzando como un laberinto del que nadie puede salir. En aquel momento, le vino a la mente un poema que siempre le había gustado:

Gente,
mucha gente,
muchísima gente...
Gente de todos los colores,
poco hechos o quemados,
de ojos luminosos o apagados,
narices prominentes o chatas,
orejas torcidas... redonditas,
piernas largas o cortas.
Gente guapa...
Fea...
Gorda, fina,
vieja o joven.
Con paso rápido o cansado.
Simpáticos...
Tímidos...

Enfermos...
Cada uno con su historia,
cada uno en su proceso.
Son algo más que mis hermanos,
son yo misma.
Estamos hechos de la misma materia,
carne y sueños...

Llegó al Café de l'Opéra y buscó a Yuri con la mirada. Aún no había llegado. Encontró una mesa al fondo del local y pidió una cerveza. A esa hora el Café estaba más tranquilo, porque la mayoría de estudiantes estaban en clase. Al cabo de unos momentos llegó Yuri. Se acercó a ella y le dio un suave beso en los labios. Se dejó caer en la silla, se le veía cansado.

—Hola Ra. ¿Qué tal va todo?

—Bien. ¿Y tú qué tal? ¿De dónde vienes?

—¿Te acuerdas de que Armand se cambiaba de casa?

—Ah sí, me lo comentaste.

—Pues hace unos días me pidió que le ayudase con la mudanza, así que hemos estado toda la mañana y parte de la tarde haciendo viajes con su coche y subiéndolo todo a un tercer piso sin ascensor. Estoy hecho polvo. Necesito una cerveza ya.

Llamó al camarero y le pidió una gran jarra de cerveza.

—Yuri, eres una gran persona. Un marrón así no se lo traga cualquiera.

—No podía decirle que no. Me ha dicho que necesitaba un ruso alto y fuerte y evidentemente yo era el único que estaba por allí.

Ra rio y miró con cariño a Yuri.

—Y guapo. Se le olvidó decirlo.

—Ya, bueno, pero prefiero que me lo digas tú.

El camarero apareció con una jarra de espumosa cerveza y la dejó frente a Yuri, que la atacó de inmediato. Cuando acabó un sorbo infinito miró a Ra sonriendo y haciendo muecas con un gran bigote blanco alrededor de la boca. Ra soltó una carcajada y bebió de la suya, colocándose otro bigote de espuma. Se cogieron de la mano y rieron como niños.

—Me encuentro tan a gusto contigo, que aún me cuesta creerlo Ra. Hacía tanto tiempo que no sentía por nadie lo que estoy sintiendo por ti, que estaba seguro de que lo había perdido para siempre.

Ra le miró a los ojos con cariño.

—Yuri, ahora que hablamos de los sentimientos, hay algo que me gustaría preguntarte: ¿por qué nunca me has hablado de tu cuarteto? Estaría encantada de saber algo más sobre esa etapa de tu vida.

La sonrisa se borró de inmediato de la cara de su amigo y Ra notó que se ponía tenso. Tardó un poco en contestar.

—No te he contado nada porque, a pesar de ser una de las épocas más felices de mi vida, acabó de una forma tan inesperada y dolorosa para mí, que aún me cuesta hablar de ello y ya han pasado tres años.

—Quizá es el momento de que empieces a poder hablar de lo que pasó. Dicen que es la manera de templar el sufrimiento.

Yuri estuvo en silencio un buen rato. Sus ojos estaban empañados y había un rictus de dolor en las comisuras de su boca, que Ra no había visto nunca. Estaba tratando de contener la emoción que le embargaba.

—Yo fundé el Cuarteto Constanza hace seis años. Tenía unas ganas enormes de interpretar el repertorio de cámara de los grandes compositores. Tocar en una orquesta está muy bien, pero la intimidad que se genera en un cuarteto es insuperable. Busqué los mejores intérpretes que conocía y los encontré. El segundo violín era un joven húngaro: Benjámin. Era tímido y tranquilo, de una limpieza exquisita tocando y una habilidad especial para empastar su sonido con el mío. Llegamos a ser grandes amigos, incluso vivimos juntos una temporada. El chelista era Bruno, uno de los mejores chelos que he conocido y todo lo contrario que Benja: apasionado, divertido... nos hacía reír en los ensayos y tomaba iniciativas muy creativas en las interpretaciones. Su único problema es que le gustaba discutirlo todo y esto a veces era un poco cansado para el resto, pero en general sus discusiones eran útiles para aclarar conceptos. Estuvimos probando varias personas para la viola, pero ninguna nos convenció. De pronto apareció Nadine. Bruno la conocía y había tratado de conectar con ella, pero aquel mes estaba de gira fuera de Suiza. Tocaba en una pequeña orquesta: *La Cameratta*. Cuando Bruno se enteró de que había regresado a Ginebra la telefoneó y en una de sus decisiones unilaterales le pidió que preparase el cuarteto en Mi bemol Opus 33 de Haydn. El día que ensayamos con ella por primera vez lo recordaré siempre. Nos saludó a todos, se sentó y nos preguntó por qué queríamos hacer un cuarteto de cuerda. Nos quedamos bastante perplejos, creíamos que era evidente, pero empezamos a dar opiniones y a enredarnos en los razonamientos. De pronto, se hizo evidente que no teníamos las cosas tan claras. Ella era unos años mayor que nosotros y poseía una serenidad y una inteligencia que nos dejaba desarmados. Un tiempo más tarde nos dijo riendo que aquella pregunta fue para conocernos más a cada uno y realmente sentir si quería tocar con nosotros.

Ra escuchaba atentamente a Yuri. Sintió que estaba profundamente conmovido, por el imperceptible temblor que había en su voz.

—Cuando empezamos a tocar, el cuarteto de Haydn sonó como nunca. Aquella música volaba. La compenetración era total. Nos dejó absolutamente sobrecogidos. Lo tocamos entero, sin pausas, cuando acabamos nadie podía hablar. Al cabo de unos momentos que parecieron eternos, ella se levantó y dijo: —«Quiero tocar con vosotros. Dejaré *la Cameratta*»—. No nos lo podíamos creer, pero era verdad. Teníamos un cuarteto maravilloso. Y ahí empezó todo. Nos convertimos en una de las agrupaciones más conocidas de Centroeuropa. Peter Greenfield vino a un concierto y nos dijo que quería ser nuestro representante. Gracias a él estuvimos tres años tocando en las salas más prestigiosas de Suiza, Alemania, Francia, Inglaterra...

—Sí, yo os conocía —le interrumpió Ra—. Os había oído tocar en un concierto en directo por la radio y me dejasteis impresionada.

—Después de un año de tocar juntos, Nadine y yo empezamos una relación sentimental. No quiero entrar en detalles, pero fue algo realmente intenso y maravilloso. Ella era fascinante, me hizo evolucionar como músico y como persona con la mayor naturalidad del mundo, sin esfuerzo. Los dos últimos años fueron los más felices de mi vida. Habíamos decidido casarnos y prácticamente ya estábamos viviendo juntos, aunque de momento manteníamos cada uno su casa, hasta que encontrásemos algo que nos gustase a los dos para vivir.

Los ojos de Yuri se empañaron, mientras intentaba seguir. Hizo una pausa.

—Una noche después del ensayo en casa de Bruno decidió no venir conmigo, porque tenía que acabar un trabajo sobre música de cámara que le había encargado la Universidad de Ginebra. Era una noche fría, húmeda y con mucha niebla. Su casa estaba a las afueras de Ginebra y la carretera era de montaña, estrecha y llena curvas, pero ella amaba los lugares elevados.

Yuri hizo una pausa y bebió un trago de su cerveza.

—En una curva un camión se le echó encima, ella intentó evitarlo y se salió de la carretera en un tramo sin protección y su coche se despeñó por un barranco. Tardaron casi dos días en poder rescatarla. Tenía la columna partida y se había desangrado dentro del coche. Estaba embarazada de seis semanas.

Yuri no pudo contener las lágrimas. Ra se levantó y le abrazó. Estuvieron un rato juntos, abrazados sin poder decir nada. Ra estaba conmovida y tremendamente desconsolada. Fue consciente de la tragedia de su amigo. Quería encontrar palabras de apoyo para Yuri, pero no pudo decir nada, solo el silencio podía respetar aquel dolor.

28

Unas semanas antes de la celebración del premio Chopin, Peter fue a casa de Michel. Eran las ocho de una tarde bastante ventosa y desangelada, cuando aparcó su Volvo ante la puerta del jardín y llamó al interfono. Sabía que a esa hora Michel ya habría terminado de estudiar. Por las mañanas trabajaba con Prodini hasta las doce y después de comer seguía hasta las siete y media. Unas nueve horas diarias.

—Hola Peter, pasa.

—¿Qué tal Michel? ¿Todo bien?

—Sí, perfecto. ¿Quieres tomar algo?

—Pues ya que me lo ofreces, sí. Un whisky con hielo.

Michel se dirigió al mueble bar y sirvió dos vasos de Jack Daniel's con hielo. Cuando se sentaron, Peter empezó a hablar con un entusiasmo que no podía disimular:

—Michel, ya tenemos encima el Chopin y he estado dando vueltas a cómo afrontar un reto tan difícil. Después de pensarlo mucho, he visto que el peligro de obsesionarse con ganar a toda costa, puede llevarnos al fracaso. La obsesión agarrota y cansa la mente y el cuerpo. Si durante las veinticuatro horas del día estás pensando solo en el concurso, no saldrá bien.

Hizo una pausa.

—Por tanto, he diseñado una estrategia que quizá te sorprenda, pero estoy seguro de que dará resultado. Iremos los dos, tú y yo, y nada de aviones, ni pensarlo. Iremos en tren. Pero en vez de ir directamente a Varsovia, que se tardan veintidós horas en recorrer los más de mil kilómetros que las separan, vamos a irnos cuatro días antes y haremos Ginebra—Praga y al cabo de dos días Praga—Varsovia. Praga es una preciosa ciudad que conozco bien. Como sabes, ha sido el centro de la música europea durante muchos años. Tienes que vivirla de cerca y yo te la enseñaré. Buscaré la manera de conseguir un piano para que puedas practicar un par de horas, pero el resto del tiempo lo dedicaremos a disfrutar, visitando la que para mí es la ciudad más bonita de Europa. Con ello conseguiremos que tanto tu cuerpo como tu mente se relajen de esta brutal temporada de trabajo. Tu mente se abrirá y tu cuerpo se pondrá a punto con las caminatas y paseos que nos daremos. Te aireas bien y al cabo de dos días nos vamos a Varsovia. Un día allí para tomar tierra y al siguiente ya es la primera prueba de selección.

Le miró fijamente.

—¿Qué te parece?

—Praga... Praga... Peter, me dejas más helado que este cubito. Realmente no me lo esperaba...

—Sí Michel, Praga... donde músicos como Beethoven, Mozart o Schubert estrenaban sus obras antes que en Viena.

—¿Pues qué quieres que te diga?... que por eso eres mi representante, porque eres el mejor. Vamos a empaparnos de la música que respira esa ciudad.

Se puso en pie y levantó el vaso.

—¡Por Praga!

—¡Por Praga!

Ambos hicieron sonar los vasos riendo.

Era muy temprano por la mañana, cuando Michel y Peter ya se encontraban en la estación de Ginebra, a punto de tomar el tren que les llevaría a Praga. Jacques y Selene estaban con ellos. Habían venido desde Lausana para pasar el último día con su hijo y transmitirle fuerza y confianza.

Su madre le miró con orgullo y le abrazó.

—Mishi, pase lo que pase estará bien. Ya sabes lo que pienso: que lo que nos ocurre es lo mejor para cada uno de nosotros, aunque tengamos que aprender a base de sufrimiento. Por eso tienes que estar tranquilo y confiar. Y también sentirte orgulloso por el colosal esfuerzo que has hecho.

Cogió la mano de Michel y puso en ella un medallón de plata finamente labrado, con un cuarzo rosa de una limpieza exquisita.

—Póntelo debajo de la camisa. Nadie sabrá que lo llevas y te dará suerte. De bebé jugabas con él. Te ayudará a tener el corazón limpio como un niño.

Michel besó emocionado a su madre.

—Te puedo asegurar que lo llevaré puesto. Gracias.

Su padre se acercó y le dio un fuerte abrazo.

—No pienses mucho, pasea por la ciudad, come bien y disfruta todo lo que puedas. Cuando llegue el momento… ¡vuela!

Se volvió hacia Peter.

—Cuida bien de nuestro muchacho, no tenemos recambio.

—Descuida Jacques, seré su sombra y su bastón.

Subieron al tren. Les esperaban muchas horas de viaje, pero también un paisaje encantador. El tren se puso en marcha lentamente. Michel lanzó un beso a través de la ventanilla hacia Selene y Jacques, que, abrazados, agitaban las manos mientras observaban cómo el tren se alejaba, dejando un rastro plateado de vías brillantes por el sol.

—Bueno Michel, allá vamos. *Alea jacta est...*

Michel no dijo nada, miraba cómo Ginebra iba transcurriendo ante sus ojos, antes de atravesar las altas montañas que le separaban de aquella ciudad mítica de las cien torres. Y después Varsovia, el latido que le elevaría hasta el cielo o le dejaría caer...

Llegaron a Praga de noche. Desde el taxi que les llevó al hotel, Michel contempló una ciudad que le pareció antigua y moderna a la vez. Bellos edificios iluminados y tranvías deslizantes.

Subieron a sus habitaciones para dejar el equipaje y quedaron para cenar en el restaurante del hotel, que, por suerte, aún estaba abierto.

Después de una cena ligera, en la que hablaron de todo un poco de forma distendida, decidieron retirarse pronto. Aunque Michel se notaba cansado, el largo y bello viaje había merecido la pena: «El tiempo pasa en otra secuencia, cuando vas observando con serenidad cómo te aproximas a tu destino», pensó.

Mientras se dirigían al ascensor, Peter cogió a Michel por el hombro:

—Mañana te enseñaré Praga, pero antes, a primera hora te he conseguido un buen piano para que hagas un poco de preparación y mecanismo. Es en el Conservatorio de Música. Antes de que empiecen las clases. Puedes utilizarlo de ocho a diez. ¿Qué te parece tu mánager?

—Pues que no esperaba menos de él —dijo Michel con una sonrisa.

—Gracias, todo lo que necesite solo tiene que decirlo, *monsieur…* y recuerda que la primera eliminatoria es dentro de tres días a las once y treinta en punto. Descansa y no se te ocurra soñar con Chopin, sino con alguna chica guapa. Te despierto a las siete. Ducha, desayuno y al conservatorio, ¿ok?

El ascensor paró en el tercer piso y salieron al pasillo.

—Ok. Buenas noches Peter.

Se dirigieron a sus respectivas habitaciones. A los diez minutos Michel estaba completamente dormido.

El piano del Conservatorio de Praga estaba muy tocado. Era el Steinway del auditorio y debía tener más de cuarenta años. Habían pasado por él generaciones de alumnos, que lo habían usado con mayor o menor habilidad y no estaba totalmente equilibrado, pero le sirvió a la perfección para los ejercicios que necesitaba y que sus dedos no se quedasen sin su ración de gimnasia diaria.

Peter le esperaba en el *hall* del conservatorio. Cogió del brazo a Michel y le anunció con voz firme:

—¡Allá vamos! Pisaremos los mismos adoquines que los más grandes compositores de Europa.

Era una ciudad fascinante. El sol de julio teñía de dorado las cúpulas y los canalones de los tejados. Por la Torre de la Pólvora entraron en el corazón del recinto histórico. Desde el puente de Carlos, uno de los catorce puentes que tiene Praga sobre el río Moldava, admiraron el gran castillo y el templo de Tyn, con sus dos torres.

La gente que vivía en aquella ciudad le pareció feliz. A Michel le gustaba observar a las personas. Como todo en Praga, también sus habitantes tenían dos polos: eran alegres, pero tranquilos; amables, pero reservados. Era una ciudad interesante y bella, en la que no le importaría vivir.

Era ya la hora de comer, cuando Peter le dijo que había reservado mesa en un restaurante que le gustaba mucho: el Smetana, en la plaza vieja.

—Mientras tú trabajabas en el conservatorio yo también lo hacía, y con mi móvil consigo milagros. Aparte de reservar una estupenda mesa, te he conseguido un precioso piano en Varsovia para practicar.

Acercó hacia él la cara moviendo las cejas y haciendo muecas.

—Jajajá, está bien Peter, ¿qué quieres que te diga? ¿Qué te quiero? Pues vale. Hasta te lo digo en tu idioma materno: ¡*I love you*!

Cuando llegaron a la plaza, Michel se quedó enamorado del increíble reloj que había en la fachada del ayuntamiento.

Peter le explicó que era del siglo XV y que tenía un calendario circular con los meses del año y un cuadrante astronómico que marca la posición de las estrellas. A cada lado del reloj había tres grupos de figuras, entre ellas una representación de la muerte, que toca la campana cada hora para recordarnos que a todos nos llegará el momento, mientras el resto de figuras mueven la cabeza, indicando que nadie puede escapar a su cruel destino.

Comieron un *ragú* delicioso en el Smetana regado con vino local, fuerte y aromático, el postre típico de Praga, el *trdelnik*, y un espeso café para cargar bien las pilas.

Salieron del restaurante y caminaron sin rumbo por el barrio antiguo, conversando tranquilamente y admirando los fascinantes rincones de aquella magnífica ciudad.

Decidieron subir al recinto del castillo, una enorme ciudadela donde está la catedral de San Víto y el palacio real. Era un lugar imponente, con una vista espléndida sobre toda Praga. Perdiéndose entre los edificios históricos, en los que se había desarrollado una cultura que había influenciado a toda Europa, llegaron a un lugar que les llamó poderosamente la atención y en el que de inmediato se sintieron a gusto: el Rincón Dorado, una callejuela adoquinada, con casas de una sola planta de los siglos XV y XVI. El antiguo barrio de los artesanos. Un lugar que olía a cuero y a madera. Unas tiendas encantadoras ofrecían toda clase de productos hechos a mano y confeccionados con un gusto exquisito. Allí Michel compró algunos regalos para sus padres. A Ra la sorprendería con una hermosa reproducción del reloj astronómico que habían visto en la plaza vieja.

Pasaron por una antigua taberna que estaba muy animada. Entraron y disfrutaron de unas espumosas y rubias cervezas, que les ayudaron a cerrar el día con brillantez.

Llegaron al hotel muy tarde, alegres y exhaustos, pero ya descansarían mañana en el tren. Les quedaban doce horas para llegar a Varsovia.

29

Ginebra, julio de 1985.

Desde el encuentro con Michel, Ra se sentía muy confundida emocionalmente. Su relación con Yuri seguía siendo buena, pero imperceptiblemente algo había cambiado. Sabía que Yuri quería ir a más, pero ella no podía dejar de pensar en Michel y en la tarde que habían pasado juntos. Había sentido cómo la atrapaba con la mirada. Aquellos ojos no le habían dejado escapatoria, eran pura luz y transparencia. Cuando miraban la atraían, como un mar en calma en el que perderse. Tampoco podía olvidar la sensación de sus labios rozando con suavidad los suyos. No había sido propiamente un beso, sino un mensaje. Una señal de lo que podía llegar a pasar.

Desde aquel día no habían vuelto a verse, pero él la había telefoneado un par de veces. Le había explicado que prácticamente no hacía otra cosa que prepararse para el concurso y que Prodini le hacía trabajar más a fondo que nunca, ya que se veían cada día.

Estaba preparándose la cena, cuando sonó el teléfono.

—Hola Ra, soy Michel.

—¡Michel! —notó cómo se aceleraba su respiración.

—Te llamo porque mañana empiezo el largo viaje hasta el país de «No sé qué pasará».

—Ya, ¿y en qué viajas, en avión o directamente como Peter Pan?

—Pues voy con Peter, pero él no es precisamente Pan... odia volar. A mí tampoco me gustan los aviones, así que iremos en tren, aunque no directamente a Polonia, primero estaremos dos días en Praga.

—¡Praga!, la ciudad mítica. Yo no he estado nunca, pero creo que es preciosa.

—Es idea de Peter. Me la quiere enseñar, él la conoce bien.

—¿Y cómo te sientes? —Ra se acomodó en una silla.

—Pues no sabría decirte... ilusionado, cansado, muerto de miedo, paranoico, desbordado... y con ganas de volver a verte.

A Ra se le aceleró el corazón.

—¿Ganas de verme? En medio de ese vendaval de sentimientos, ¿tienes ganas de verme?

—Pues sí Ra. ¿No es fantástico?... pienso en ti y me emociono. Disfrutamos tanto aquella tarde juntos... sé que fue algo de los dos. Eso no se puede ocultar ni olvidar.

—Michel, yo también he pensado mucho en ese día y en ti —le confesó Ra con una voz tan suave que apenas era audible—, pero ahora —dijo aumentando el volumen— lo más importante es el Chopin. Tienes que concentrarte solo en eso.

—Pues mi representante dice que no. Que no me obsesione con el Chopin y que piense solo en chicas guapas. Así que no he tenido más remedio que llamarte, son órdenes suyas.

Ra dejó escapar una risa alegre. Su risa poseía la característica de parecer un instrumento de cristal.

—Michel, si lo ganas tu vida cambiará para siempre. Lo sabes, ¿verdad?

—Pues sí. Si lo gano cambiará; si lo pierdo, también. No sé por qué me meto en estos líos.

—No puedes remediarlo. Se llama locura de artista… Es lo que hace de ti lo que eres, un mago del piano.

—Prodini siempre me decía que la vida de un pianista es ir aceptando retos cada vez mayores, eso te hace crecer, de otra manera te vas estancando y te vuelves cómodo. Según él, hay que estar saliendo constantemente de tu zona de confort.

—Estoy totalmente de acuerdo. Pero con la orquesta no hay problema, cada nueva obra te pone a prueba. Hay algunas que son exasperantes y desde luego nada confortables.

Ambos rieron.

—¿Y qué me dices de la música del señor Chopin? ¿Tocar solo sus composiciones tantas horas no te saca también de tu zona de confort?

—Al contrario Ra, la música de Chopin re—con—for—ta —dijo Michel remarcando las sílabas. Nadie amaba el piano tanto como él. Fue su único instrumento y un pianista nota ese amor. Nunca te cansas de tocarlo.

—Es cierto. Yo nunca me canso de escucharlo.

—Tengo que irme Ra. Todavía tengo que preparar un montón de cosas. Nos vemos a la vuelta. Te mando el mejor abrazo de mi repertorio.

—Adelante Michel, confía en ti. Eres el mejor pianista que he oído en mi vida. Puedes ganarlo. Te deseo lo mejor. Un beso.

—Adiós Ra.

El clic y el silencio que se produjo a continuación, pusieron en movimiento una legión de pequeñas mariposas, que hacían viajes desde su estómago a su corazón, ida y vuelta, sin pagar billete. Ra se sentó y respiró con los ojos cerrados, tratando de entender qué estaba ocurriendo con aquella persona a la que apenas conocía, pero que le hacía sentirse diferente y renovada. Al cabo de un rato, las mariposas volvieron a sus cuarteles de invierno.

A la mañana siguiente, la orquesta ensayaba «El oro del Rin», una de las cuatro óperas del «Anillo». No estaba saliendo como Stein quería e hizo el gesto de parar la orquesta.

—¡No, no!... Por favor señores. Está todo cogido por los pelos, no hay empaste y mucho menos emoción. Existe en música una cosa llamada *tempo* y, en este momento, aquí eso no existe. Ya sé que es duro y que llevamos muchas horas con esta ópera, pero una orquesta como esta puede hacerlo perfectamente. Hay desincronía y eso que estoy marcando el tiempo, como un herrero sobre el yunque.

Soltó un bufido.

—Bueno, vamos a parar diez minutos y quiero que a la vuelta se pongan las pilas.

Yuri y Ra salieron a la puerta de la calle a tomar un poco el aire. Parecía una mañana cualquiera, con el ajetreo de un día laborable en Ginebra. Yuri observó a Ra, que, apoyada en una columna, tenía la mirada perdida.

—A ver, ¿qué te pasa?

—¿Que qué me pasa? ¿Por qué lo dices?

—Te oigo tocar y noto ansiedad. Estás corriendo. Quieres acabar, cuando todavía estamos a media partitura.

Ra no dijo nada. Ni le miró.

—Estamos tocando Wagner —prosiguió Yuri—, ya sabes, todo va a cámara lenta. Tienes que interiorizar ese *tempo* solemne. Más bien hay que ir hacia atrás... es como un bolero, si quieres correr la cagas.

—Vale Yuri, ya te he oído y tienes razón. Estoy ansiosa. No voy sincrónica contigo, estoy corriendo, pero hoy no lo puedo evitar.

—Pues Stein se da cuenta y no te ha dicho nada, pero le he pillado alguna mirada bastante cargadita...

Silencio.

De pronto Ra lo soltó.

—Hoy Michel se está yendo a Polonia, al premio Chopin.

Yuri se quedó quieto, atravesado por sus palabras.

—¿Cómo lo sabes?

—Me ha telefoneado... Anoche.

—Ah ¿sí?

—Sí, no te había dicho nada, pero me lo encontré un día en la *Mozart Haus* y fuimos a tomar algo. Intimamos un poco.

—¿Por qué no me lo habías contado?

—No sé, no creí que tuviera importancia. Hemos hablado por teléfono un par de veces.

—¿Le has dicho que salimos juntos?

—Le he dicho que somos muy amigos y que te aprecio muchísimo.

—¿Y ya está?

—Sí.

—Pues yo creo que somos algo más que amigos, ¿no crees?

—Yuri, por favor. Ahora no es momento de hablar de esto. Ya casi tenemos que volver. Quedemos mañana para comer y lo hablamos.

—¿Y si vienes a cenar esta noche a casa?
—No Yuri. Mejor que no. Anda, volvamos al ensayo.
Le dio un beso en la mejilla.
—Y no te preocupes. No voy a correr.

30

Varsovia, julio de 1985.

El viaje de Praga a Varsovia, a pesar de las once horas de duración, se les hizo corto. Básicamente porque muchas de ellas, tanto Michel como Peter las pasaron medio dormidos. Las largas caminatas por Praga y la juerga final en el Rincón Dorado les habían dejado agotados.

Cuando llegaron a Varsovia era de noche. Después de cenar en un restaurante cercano al hotel, se tomaron un whisky en la barra de un pub que ofrecía música en directo. Una cantante de jazz desgranaba *blues* acompañada por un pianista.

—A veces me gustaría tocar esta música —dijo Michel—. El mundo de la clásica es tan estirado. Este pianista improvisa y disfruta haciendo cada noche algo diferente. Yo me mato a estudiar y siempre toco lo mismo.

—Michel, sabes que cada interpretación es distinta y única.

—Sí, pero solo en pequeños matices. En esta música todo cambia mucho más... Hay como una liberación. Hay... más libertad, ¡sí!, eso es.

Se volvió hacia su amigo.

—Peter, ¿soy un pájaro enjaulado?

—Michel, la jaula se la pone uno mismo. Si quiere. La limitación está en todas partes. Un miniaturista del siglo XI hace una representación de una escena religiosa tan pequeña, que tiene que utilizar una lupa para pintarla. ¿No es una enorme limitación? ¿No se está metiendo en una jaula? Y, sin embargo, cuando la observas, es de una perfección inconcebible, una maravillosa obra de arte eterna. Y las *suites* de Bach para violoncello solo, o las partitas para violín, ¡qué limitación! ¡Un solo instrumento durante horas! Y ¿no es algo que nos sorprende y nos sobrecoge a todos?

Bebió un trago de su whisky. Michel le escuchaba atento.

—Un cuadro. Aunque sea grande, también está limitado. Mira «la Gioconda», es un cuadrito bien pequeño y sin embargo, hay quien dice que es la obra de arte más grande de todos los tiempos,

Otro trago.

—¿Y qué me dices de la enorme «prisión» que es la poesía?: en vez de escribir libremente, ¡oh, la libertad!... hay que rebuscar solo las pocas palabras que riman y someterse a un determinado número de sílabas... ¡Puaf!, qué horrible limitación, pero un soneto del gran Shakespeare te hace volar hasta lo más alto.

Peter hizo una pausa y miró con intensidad a Michel.

—Muchos artistas buscan eso que tú llamas «jaula», porque es precisamente lo que les impulsa a saltar hacia el más allá.

Le dio una palmada en el hombro.

—Venga tío, acábate el whisky y vamos al hotel.

—Gracias Peter, me ayudas mucho. Te lo agradezco.

—Le prometí a tu padre que cuidaría de ti. Anda, vámonos de aquí. Mañana a primera hora tienes que hacer tus ejercicios. He alquilado un piano en una sala, en el centro. Luego daremos una vuelta por la ciudad, pero tranquila, sin cansarnos... y al día siguiente empieza la selección.

Le lanzó una mirada penetrante.

—Y ya sabes, estaremos aquí doce días, si todo va bien y vas pasando las pruebas. En caso contrario, en tres o cuatro días estaríamos de vuelta en Ginebra.

Cruzaron la calle y entraron en el hotel. Michel no pudo dormirse enseguida. Leyó un rato y luego apagó la luz.

El día siguiente en Varsovia se le hizo corto a Michel. Ejercicios de mecanismo en el piano de la sala alquilada por Peter, paseos tranquilos por la parte antigua, buenas comidas y otras copitas en el pub cercano al hotel para rematar. Lo importante empezaba al día siguiente.

Durante la tarde, Michel, sentado en una terraza cerca del Palacio Real, había sacado el móvil y marcado un número.

—Buenas tardes profesor. Soy Michel Loupin.

—Hombre Loupin. ¿Cómo está?

—Bien profesor. Estoy ya en Varsovia. Mañana a las once treinta tengo la primera selección.

—¿Cuántos se presentan esta vez?

—Sesenta.

—De los que quedarán treinta, después diez y luego uno...

—Eso es.

—¿Cómo se encuentra?

—Bien, no estoy obsesionado. Lo que quizá me preocupa más es el concierto con la orquesta. Entender bien al director y adaptarme a ellos, ya que la orquesta no se va a adaptar a mí, son demasiados.

Le pareció que el profesor sonreía.

—Supongo que se sigue haciendo en la sede de la Filarmónica Nacional, ¿no? —preguntó Prodini, que dos veces había formado parte del tribunal.

—Sí, esto no ha cambiado, las selecciones en la sala de cámara y la final con la orquesta en el Auditorio.

—Ya... Bueno. Si le sirve de algo le diré que lo lleva muy bien preparado. Hemos trabajado duro. Le he apretado más que a nadie y no se me ha desmontado. Eso está bien.

—Quiero agradecerle todo lo que me ha ayudado profesor, ha sido...

—Bueno —le interrumpió Prodini—, es a lo que me dedico ahora y me gusta hacerlo... y más con usted. Ha sido muy interesante ver su evolución. Ha sido rápida y profunda. Tal como le dije, ha conseguido interiorizar tanto la música, que cuando toca es su cuerpo el que la «segrega». Es su no—consciente quien toca. Esa es la clave. Pero para que eso funcione solo hay una llave, la puerta que une lo consciente con lo inconsciente. ¿Se acuerda de cuál es?

—Sí señor, la respiración.

—Eso es Loupin. Sobre todo no se olvide de respirar. Antes de empezar, varias veces. Y sobre todo cuando sepa que se acerca algún pasaje difícil, no lo pase por encima. Afróntelo con una respiración previa. Todos sabemos cuándo viene un peligro, pero la manera de afrontarlo es la clave.

Silencio.

—Buena suerte Loupin.
—Gracias profesor. Le llamaré cuando acabe.
—No hace falta, lo sabré por las noticias. Adiós.
—Adiós profesor.

A las diez de la mañana, Michel y Peter ya estaban en el edificio de la Filarmónica Nacional. Estaba lleno de gente. Participantes, acompañantes, personas interesadas que tenían influencias y podían acceder, críticos, periodistas y… el tribunal. Michel se detuvo a observarlos. Siete personas con las que nunca había intercambiado una palabra iban a influir decisivamente en su vida, para bien o para mal.

A las once treinta en punto Michel se sentó por primera vez ante el piano de aquel concurso mítico. Llevaba puesto el medallón de su madre. Escuchó la voz del presidente del tribunal, que en un perfecto inglés le dijo:

—Míster Loupin, puede empezar cuando quiera.

Doce días más tarde…

El presidente del tribunal se levantó y con voz clara y fuerte se dirigió al público que llenaba la sala:

—Damas y caballeros. Este tribunal, después de la pertinente deliberación entre todos sus miembros, ha decidido por unanimidad que el ganador del Concurso Fredryck Chopin de esta convocatoria es… el señor Michel Loupin, de Suiza.

Michel notó cómo su corazón se desbocaba, al tiempo que su cuerpo permanecía clavado en la butaca. Una estruendosa ovación, gritos, miradas y carreras de los fotógrafos le hicieron darse cuenta de que era verdad. ¡Había ganado!... No se lo podía creer.

Notó un brazo que de un tirón le hizo ponerse en pie. Era Peter. Le dio un abrazo abrumador y le empujó hasta el escenario. Un gran ramo de flores, *flashes*, el jurado aplaudiendo de pie y sonriendo, el público emitiendo toda clase de sonidos, entre los que destacaban los bravos, su móvil en el bolsillo de la chaqueta, que empezaba a vibrar sin parar.

Pensó en Prodini, en sus padres, en su ciudad, en Ra...

A partir de aquel momento su vida pasaba a formar parte de la Historia.

31

Lausana, abril de 1985.

Habían transcurrido más de tres semanas desde el encuentro de Karl con Gloria, la enigmática mujer del bosque de Sauvelin. Lo insólito de la situación le había dejado desconcertado y, aunque no quiso darle importancia, no pudo evitar anotar en su agenda aquella dirección: Rue de la Lune, 17.

Lo había intentado, pero no había podido dejar de pensar en aquella anciana de aspecto rudo y mirada penetrante, que parecía saber ciertas cosas sobre él. Se preguntaba cómo era posible que le hablase de su soledad y su sufrimiento. Ella le había dicho que podía sentirlo. De pronto, tuvo la inexplicable sensación de que aquel encuentro no había sido casual, pero eso era imposible. Sin embargo, una oscura duda había anidado en su interior y no se la podía quitar de encima.

Decidió no dejarse vencer por especulaciones extrañas, que solo podían agravar los síntomas que venía padeciendo.

Durante todo este tiempo, su estado mental y físico había ido empeorando paulatinamente. Las noches eran un suplicio. Llenas de extravagantes imágenes vividas con un realismo sorprendente, pero que al despertar era incapaz de identificar. Solo el rostro de su madre muerta, mirándole, significaba el final de aquellas extrañas visiones y una vuelta a la realidad cotidiana, a la que le costaba tiempo incorporarse.

Además, los dolores de cabeza empezaban a ser insoportables y en determinados momentos, sobre todo al despertarse, sentía la punzada en la espalda cada vez con mayor intensidad.

Cuando acababa su jornada laboral, y era la hora de cerrar la tienda, le costaba cada vez más adentrarse en el local interior donde tenía la vivienda. Muchas veces prefería salir a pasear por Lausana para encontrarse cansado a la hora de irse a dormir, e intentar así que los sueños recurrentes, al menos apareciesen más tarde.

Empezaba a oscurecer cuando, después de cerrar la relojería, decidió dar un paseo por el barrio de Saint Laurent, donde no había estado apenas. Era un barrio con casas antiguas de una sola planta, estrechas calles adoquinadas y algunas tiendas, la mayoría de ellas cerradas a esa hora. Estuvo caminando sin rumbo fijo y observando los reflejos de las sombras en el lago durante un buen rato, hasta que fue completamente de noche. La luz amarillenta de las oscuras farolas de hierro iluminaban levemente las fachadas. Se encontró en una pequeña plaza con la estatua de un ángel de piedra en el centro, que le llamó la atención. De la plaza surgían tres calles. Una de ellas le atrajo sin saber por qué. Era una callejuela en curva con pequeñas casas de una sola planta pintadas de colores. Recorrió unos pocos pasos hasta la esquina y miró el rótulo impulsivamente. Era la Rue de la Lune.

Dio media vuelta. Su reacción inicial fue alejarse inmediatamente de allí, pero su cuerpo no tenía la misma intención. Se quedó quieto. En aquel momento se dio cuenta de que no había nadie a la vista. Estaba completamente solo. Únicamente una luna pálida flotando por encima de los oscuros tejados parecía tenerle en cuenta.

Su estómago estaba revuelto y notó el pulso de la sangre en las sienes. Tomó una decisión y buscó el número diecisiete. Estaba a unos cien metros. Era una casa pequeña con la fachada pintada de azul y dos ventanas de madera con flores. Se acercó a la puerta. Un pequeño cartel de latón brillaba iluminado por la luz de una farola: *Gloria Luján. Videncia. Interpretación de sueños.*

Llamó al timbre y esperó. No hubo respuesta. Volvió a apretar el botón. En el interior se encendió una luz. El sonido de unos pasos se fue acercando muy lentamente. Escuchó el clic del pasador y se abrió la puerta.

Gloria estaba frente a él, con una expresión tranquila reflejada en su cara.

—Pasa, te estaba esperando.

Dio media vuelta y apoyándose en el bastón le guio al interior de la humilde vivienda. Un estrecho pasillo con dos pequeñas habitaciones a los lados desembocaba en una sala algo más ancha, donde había una mesa redonda con dos sillas, un sofá, una chimenea encendida y una estantería con libros.

Con un gesto, Gloria ofreció a Karl una de las dos sillas. Este, que todavía no había pronunciado ni una palabra, se oyó a sí mismo decir:

—Gracias.

Se sentaron frente a frente en la mesa camilla. El fuego creaba sombras en movimiento sobre la cara de la anciana y era difícil interpretar su expresión. Lo que destacaba por encima de su oscura tez eran los dos brillantes ojos que observaban atentamente a Karl.

Hubo un silencio largo y denso.

—La verdad, no sé por qué he venido —dijo Karl, jugando nerviosamente con sus manos.

Ella sonrió levemente.

—Estás aquí por tus sueños, y lo sabes. Apenas puedes sobrellevarlos. Cada vez son más intensos y dolorosos. ¿No es así?

Tal como le había pasado en su encuentro anterior, aquella mujer le desconcertaba. ¿Cómo podía saber lo que le estaba pasando? Prefirió no pensar.

—Gloria, ¿puede usted ayudarme?

—No lo sé. Quizá sí. Depende de varios factores. Trata de explicarme lo que te pasa.

—Verá... tengo sueños recurrentes, en los que sé que vivo una realidad muy diferente de mi vida cotidiana. Es todo muy intenso. Como si estuviese en otro lugar y en otro tiempo. Hay algunos elementos dispersos, que a veces se repiten: relojes, caras sin rasgos, instrumentos musicales, manos, sonidos... sobre todo una música extraña que va resonando por mi cuerpo hasta llegar a la cabeza. Entonces se transforma en un dolor, que es como si tuviese dos polos, la cabeza y la espalda, entre los omóplatos. Siento que están relacionados, porque son el mismo dolor. Es como una quemadura. Entonces aparece mi madre muerta, tumbada en la cama; gira la cara, me mira y en ese momento me despierto. Esto me pasa prácticamente cada noche. Pero últimamente puede ocurrirme también durante el día, sobre todo el zumbido.

—Cuando te despiertas, ¿qué recuerdas?

—Prácticamente nada. No puedo unir esos elementos indefinidos y eso es precisamente lo que me preocupa, porque sé que he vivido algo muy intenso, que tiene una lógica, pero no sé qué… Únicamente la cara de mi madre al despertarme. A ella sí que la reconozco.

—Ella te ayuda a salir. Por eso la ves al final.

—¿Me… está ayudando?

—Cuando el sueño es insoportable aparece para despertarte. Sabe que estás sufriendo y te ayuda en lo que puede… te hace salir, aunque también es consciente de que su poder es limitado. Cada uno de nosotros debe cargar con el peso de su propio vacío.

La mirada de Gloria tenía una expresión de intensa inteligencia.

—Es por eso que te he dicho que no sé si tan solo yo puedo ayudarte. De hecho, a cierto nivel, nadie puede ayudar a nadie. Aunque en otro plano, todos podemos hacerlo, así que no es fácil de entender.

Gloria se apoyó en el respaldo y cruzó las manos.

—Yo puedo decirte lo que creo que te pasa… pero ¿eso te ayudaría? No lo sé. Lo que sí sé es que lo que tú tienes no son sueños normales. Es una «transposición».

—¿Una transposición? ¿Qué es eso?

—La realidad que nosotros vemos cada día no es exactamente como creemos que es. Incluso los científicos nos dicen que si miras una mesa cada vez más de cerca, con un microscopio cada vez más potente, lo que hay al final es un tejido energético que vibra, separado por vacíos. Todo es energía. Energía en movimiento, que está unida por espacios donde no hay materia, pero ¿qué vemos nosotros?… una mesa bien sólida. La «realidad» que nosotros percibimos podríamos llamarla «la realidad humana» y creemos que es la única que existe, porque interpretamos esa energía de una forma determinada, que constituye el universo que conocemos.

Pero la realidad por ejemplo de un sapo, de un gusano o de un microbio es totalmente diferente a la nuestra, y también para ellos es la única posible. ¿Podemos comparar la percepción de la vida que tiene un gusano, con la de Einstein, con la de Velázquez? Para ese gusano es completamente imposible entender lo que es la pintura de Velázquez, en su «realidad» no tiene cabida el arte de la pintura, sin embargo, ¿eso implica que Velázquez no exista? Todos los seres vivos tienen su sistema de interpretación de esa energía que emana del Universo y da forma a todo. Y cada interpretación se traduce en «su propia realidad», que es la que utilizan para vivir. El proceso mediante el cual cada ser vivo crea su realidad es un misterio, pero todos lo hacemos. Hay un centro en el cuerpo que se conoce como centro de transposición, que es el encargado de traducir los campos energéticos abstractos del Universo a la realidad vital concreta de cada ser vivo. Este punto en los seres humanos se encuentra en la espalda, entre los omóplatos, y funciona como un dial de radio que capta una emisora determinada. Pero si este dial se mueve, podemos captar otra emisora, otro programa, otra «realidad»...

Gloria sonrió. Notaba el desconcierto de Karl.

—Como dijo alguien: «Hay muchos mundos, pero están en este». Cada persona, cada ser vivo crea su propia realidad. Cuando dormimos, la enorme energía que mantiene fijo este centro de transposición se relaja un poco, todo necesita descansar de vez en cuando. Si ese dial queda flojo puede desplazarse muy levemente, pero lo suficiente para captar otras emisiones, otras realidades… Un impacto emocional intenso también puede provocar un desplazamiento del centro de transposición y entrar en otros «niveles». Y estas «realidades» de las que estamos hablando, existen. Son tan reales como la que estamos viviendo tú y yo ahora. Yo creo, hijo, que tu centro de transposición se distiende durante el sueño y está captando algo que, cuando vuelves a tu propia existencia y despiertas, no puedes recordar, porque el punto vuelve a su posición natural y tu mente no puede aceptar esa digamos… dualidad. El dolor en la espalda sería la prueba del movimiento de ese centro de captación, es exactamente como una quemadura.

Karl estaba aturdido y perplejo. Aquella anciana le hacía sentirse ofuscado.

—Pero… yo no puedo creer esto que me está diciendo Gloria, otras realidades… otros mundos… Yo soy una persona que arreglo relojes. Creo en los mecanismos, en la tracción, en la causa y el efecto… no en lugares etéreos de no sé dónde…

—Por eso te dije hijo, que quizá no podría ayudarte.

Karl guardó silencio. Gloria prosiguió:

—Pero te encanta la música. Si hay algo etéreo es la música.

—Pero está basada en algo físico: notas, compases, sonido.

—¿Y qué es el sonido si no una energía? Vibración… como todo. Lo que yo te digo también tiene una base física. Está en tu cuerpo, aunque no se vea.

Hubo un momento de silencio. Ambos se miraron. Luego Karl se incorporó.

—Gloria, le agradezco mucho todo lo que me ha dicho, pero ahora me tengo que ir.

—De acuerdo hijo. Te acompaño a la puerta.

—¿Cuánto le debo?

—Oh no, nada, es un regalo.

—Pero insisto. Quiero pagarle algo.

—No quiero nada, porque no necesito nada. Déjalo y recuerda que puedes venir cuando quieras.

Karl sintió la mirada de aquella mujer atravesar su cuerpo, como el brillo de un cuchillo.

Abrió la puerta, salió a la calle y se perdió en la oscuridad de la noche.

<h1 style="text-align:center">32</h1>

La concesión del premio Chopin corrió como un reguero de pólvora. Periódicos en su sección de arte, revistas especializadas, radios, televisiones… todos dieron a conocer al mundo que el ganador de esa edición era un joven pianista suizo, bastante desconocido, llamado Michel Loupin.

Michel tuvo que hacer algo que le desagradaba profundamente: conceder un montón de entrevistas a periodistas y críticos, que intentaban sonsacarle primicias sensacionalistas sobre su vida personal. Odiaba aquello, pero Peter le dijo que formaba parte de su nueva vida y que tendría que aprender a convivir con una novia llamada «fama».

Sus padres fueron los primeros en telefonearle. Estaban eufóricos. Selene le preguntó si se había puesto el medallón y dio un grito de alegría cuando Michel se lo confirmó. Jacques se sentía tan orgulloso y emocionado que apenas pudo hablar.

También le llamaron el alcalde de Lausana, para felicitarle y ofrecerle un encuentro cuando volviese; el director de la Haute École de Musique de Ginebra; representantes de marcas de pianos con ofertas publicitarias, y un enjambre de personas desconocidas, que se deshacían en elogios y querían conocerlo.

Michel estaba abrumado. Le costaba asumir tanto revuelo. Tenía ganas de salir ya de allí y volver a su casa. Se sentía agotado. Las únicas llamadas que le hubiese gustado recibir, sabía que no se producirían. Ninguna noticia de Prodini ni de Ra.

Ra había sintonizado radio Genève, que transmitía en directo la ceremonia de entrega del premio. Cuando oyó el nombre de Michel como ganador dio un grito de alegría y se levantó del sofá de un salto. Se tapó la boca con las manos y se le saltaron las lágrimas, mientras escuchaba la ovación y los gritos de entusiasmo del público.

Sintió el impulso de llamar a Yuri para compartir con él su alegría, seguro que se habría enterado, pero descartó la idea. Prefirió esperar hasta la hora de comer. Habían quedado en verse en el restaurante L'Avenue, cerca del Victoria Hall, y su intuición le decía que, aunque Yuri se alegraría mucho por la victoria de su amigo, el entusiasmo de Ra no sería bien recibido.

¿Y si llamaba a Michel para felicitarle?... No se atrevió. Se lo imaginaba rodeado por una multitud de personas importantes, que no le dejarían ni respirar. No quería agobiarle. Además, ¿quién era ella? Una sencilla y perfectamente desconocida violinista, que tampoco representaba nada en la vida de Michel. Solo se habían visto una vez. Sin embargo, sabía que había algo entre los dos, que no podía definir, pero que le llenaba el corazón de alegría.

El premio era la culminación de un titánico esfuerzo de Michel y seguramente el principio de su alejamiento de ella, pero en aquel momento solo podía sentirse feliz.

Empezó a tararear un vals y a deslizarse por la sala dando vueltas y vueltas… le hubiese gustado tanto abrazar a Michel en aquel momento…

Cuando llegó al restaurante, Yuri ya estaba sentado en una mesa con una jarra de cerveza, de la que estaba dando buena cuenta. Cuando vio a Ra se levantó. Ella se acercó y le besó en la mejilla.

—Hola Yuri.

—¿Qué tal?

Se sentó y miró a Yuri. No estaba precisamente relajado.

—¿Ya sabes la noticia? —le preguntó Ra, que no podía ocultar una gran sonrisa.

—Sí, claro. Lo he visto en la tele. Es fantástico. Michel se lo merece y se va a convertir en una figura de primer nivel. Quién me iba a decir cuando estudiábamos juntos y tomábamos cervezas en el Café de l'Opera, que aquel chaval tímido y desgarbado se convertiría en lo que ya es ahora mismo. ¿Habéis hablado? —preguntó con una expresión tan seria que Ra se estremeció.

—Por supuesto que no. Debe de estar en Varsovia mareado a entrevistas y pensando si ha hecho bien en dar un paso así.

—Parece que lo conoces mucho… tal vez mejor que yo, ¿no?

—Venga Yuri, no te mosquees, solo digo que le ha cambiado la vida y cualquier persona se queda rara cuando le ocurre algo así. Seguro que se hace preguntas.

—¿Sabes qué pienso?

—¿Qué?

—Que estás enamorada de él.

—Sí hombre, pero si solo nos hemos visto un día.

—Sí, pero parece ser que ese día fue muy importante. Además, habláis por teléfono, y tu actitud hacia mí ha cambiado desde aquel día.

—No ha cambiado.

—¿Ah no?... me has dado un beso en la mejilla. ¡En la mejilla!... ¿Ya no te acuerdas de que hemos hecho el amor, de que nos hemos besado de verdad, de que yo estoy loco por ti?

Yuri iba subiendo el tono de su voz y miraba a Ra inquisitivamente.

—En la mejilla continuó— se besan los amigos, los parientes y los desconocidos cuando se presentan, no las personas que se aman.

Ra le miraba en silencio. Sabía que Yuri tenía razón, pero no quería admitirlo, al menos de momento.

—Quizá no estás enamorada de Michel como persona —prosiguió—, sino de su imagen, de la proyección que te has hecho de él, de toda la parafernalia que le rodea. ¿Pues sabes qué te digo?... que yo me retiro. A partir de ahora somos compañeros, compartimos atril y nos vemos en los ensayos. No tengo ganas de sufrir. Ya tuve bastante dolor y angustia en un momento de mi vida y no quiero repetirlo. Prefiero estar solo a romperme por dentro otra vez. He aprendido a hacerlo, no me asusta la soledad. Lo que más me duele es que contigo ha ocurrido algo único, especial. Tal como te dije, eres una maravillosa novedad. Desde la muerte de Nadine nadie me había llenado como tú lo has hecho, y precisamente por eso necesito una entrega total, la misma que yo tengo contigo, no puede ser a medias tintas.

Ra le miraba sin poder decir nada. Nunca había visto aquel brillo extraño en sus ojos. Eran de un fuego estremecedor. Continuó:

—Si alguna vez te aclaras y crees que yo soy digno de tu amor, me lo dices y yo ya me pensaré qué hago. Pero mientras tanto, solo estaremos juntos en la orquesta. Y esto empieza ahora mismo.

Se levantó y cogió la chaqueta.

—¡Yuri!... ¡Yuri, por favor no te vayas!

—Lo siento Ra. No puedo seguir así. O estás conmigo o prefiero no verte. Te amo demasiado como para compartirte con Michel. Sé que cuando vuelva os veréis y tú estás deseando que suceda y eso solo puede significar que estás pensando en él, porque le quieres. Aunque sea una idea, una imagen... pero es él. Me voy, se me han quitado las ganas de comer.

—¡Yuri!

—Adiós Ra, cuídate.

Vio con impotencia cómo su amigo abandonaba desencajado el restaurante y se apoderó de ella un vacío interior, que fue subiendo hasta sus ojos. Las lágrimas brotaron sin que pudiese impedirlo y una tristeza gris y fría la abrazó. Se sintió muy sola mirando aquella cerveza de Yuri a medio acabar.

33

El viaje de vuelta a Ginebra fue muy diferente del de ida. Michel tenía tantas ganas de llegar a casa, que decidió volver en avión. Peter intentó disuadirle, pero no lo consiguió. La consecuencia fue que Peter tomó el tren y Michel el avión. Quedaron en verse en unos días. Michel necesitaba estar solo, descansar y asimilar todo lo que había pasado.

Cuando llegó a su casa del lago se sintió feliz. Feliz por lo que había conseguido y también por dejar atrás aquel extenuante laberinto. Contradictorio, ¿no?, pensó: «Es como un helado que te encanta, pero que te quema los dientes».

La casa estaba fría. Era ya tarde y estaba cansado, pero aun así le apeteció encender la chimenea. Los troncos se apilaban en una pequeña leñera cerca del hogar. Cuando el fuego iluminó el salón y las sombras empezaron a moverse, cuando el olor a madera y a resina se coló a través de la nariz, su cuerpo empezó a relajarse por fin.

Una multitud de enanitos diminutos que mantenían tensados sus músculos empezaron a aflojar sus cuerdas.

En un momento dado, como en un carrusel de feria, aparecieron en su cabeza: Peter, trenes, Praga, el reloj astronómico, castillos, cúpulas, pianos, hoteles, gritos y aplausos. Tenía los ojos cerrados y sus manos caían a los lados del cuerpo. Inclinó la cabeza y se quedó profundamente dormido.

Era ya bien de mañana, cuando despertó entumecido en el sofá. La chimenea estaba apagada y tenía frío, ni siquiera se había arropado. Nunca se había dormido de esa manera; se dio cuenta de la tensión que había acumulado.

Estaba desayunando, cuando sonó el teléfono.

—Hola Mishi, cariño.

—Buenos días mamá.

—Ay Dios... ¿Cómo estás?

—Bueno, cansado, pero contento. Llegué anoche y pienso estar solo y tranquilo unos días.

—Qué bien... pero no te dejarán, me temo. Ahora eres una persona muy buscada. Pero por poco que puedas descansa, disfruta y recupérate. Si necesitas algo, cualquier cosa, me lo dices.

—Claro mamá.

—Quería decirte que mañana me voy a Lucerna. Voy a montar ya la exposición. Treinta y dos cuadros. Falta solo una semana para la inauguración. No eres el único que pasa nervios... —pausa—. Quiero que vengas. Ahora puedes, no me digas que no, por favor.

—Claro que iré mamá. Cuenta con ello. Tengo muchas ganas de ver lo último que has hecho.

—¡Genial, maravilloso!, ¡cómo me alegro! Te mando un par de invitaciones. Cuídate mucho. Come bien, que tienes que engordar; te vi por la tele y estabas muy delgado.

—Sí, en dos semanas he perdido unos cuantos kilos.

—Ya, ya... bueno, tu padre y yo estamos entusiasmados. Es un sueño. Todos nuestros amigos te han visto y se acuerdan de cuando eras pequeño y te hacíamos tocar delante de ellos… bueno, mira, aquello fue el principio. Mishi, me tengo que ir, voy loca preparando los embalajes. Tu padre me está ayudando mucho. Está en el taller. Me dijo que te mandase un abrazo de oso polar. Te dejo. Cuídate.

—Adiós mamá.

Acabó de desayunar y se dio una larga ducha. Cuando volvió al comedor, estaba sonando el teléfono. No lo cogió. Se puso la chaqueta y salió a la calle. Era finales de junio, una temperatura agradable y un cielo limpio y azul le recibieron; quizá por eso las calles estaban tan animadas. Parecía increíble, pero no tenía nada que hacer. Se compró un helado y se sintió feliz. Se cruzó con una joven pareja, que volvieron la cara y comentaron algo. Quizá le habían reconocido, había salido varias veces en la tele y su rostro empezaba a ser difundido en los medios.

Fue caminando sin rumbo fijo. En el lago había algunas barcas y un *ferry* con la bandera de Suiza lleno de grupos de turistas, que hacían fotos a todo lo que veían. Se dirigió hacia el centro. Sin darse cuenta llegó a la puerta de la HEM. Se quedó mirando el bonito edificio impecablemente pintado de blanco en el que había pasado tantas horas, tantos años, tantos momentos de su vida. Miró el reloj. Era casi la hora de comer y era lunes. Prodini estaba a punto de acabar sus clases.

Se sentó en un banco y esperó.

Al cabo de un rato, la figura del viejo profesor empezó a bajar las escaleras con bastante dificultad. Michel se levantó y fue a su encuentro.

—¡Profesor!

—¡Loupin! ¿Qué está haciendo aquí?

—Pues pasaba por aquí y me he detenido a saludarle.

En los ojos velados del viejo maestro se veía un brillo de alegría contenida. De improviso, y contra todo pronóstico, se abalanzó hacia él y le abrazó.

Michel se quedó un momento perplejo, después le abrazó también. Estuvieron así un rato sin decir nada. Se separaron.

—Me hago viejo Loupin y los sentimientos cada vez están más a flor de piel. Es como si fuera diciendo adiós a cada cosa. Sí, me voy despidiendo. Quizá no tenga otra oportunidad de hacerlo.

Le miró con afecto.

—Mi reconocimiento —dijo—, lo ha hecho usted muy bien. Le he seguido. La sonata en Si bemol menor ha sido espectacular. Ha llevado a la gente a un viaje lejos de este planeta... un paseo por la Vía Láctea. Su mano izquierda... es prodigiosa. Le ha sacado las entrañas al piano. Primero las sonoridades en blanco y negro de los graves y luego, poco a poco, todos los colores del espectro. Ha sido como si pintase un cuadro. Y han respirado. Sus manos respiraban, atrapaban la fuerza y la soltaban, contracción, expansión, tensión, relajación. Eso es la música.

Michel le miraba en silencio, conteniendo su emoción.

—Y lo mejor ha sido el concierto en Mi menor. Creo que ha sido lo que ha hecho decidirse al tribunal. Lo ha tocado con la soltura de un gato y la transparencia del cristal. Sin amaneramientos, sin ritardandos excesivos. Con naturalidad y sobre todo con personalidad. Era su «versión». Una versión maravillosa. No se parecía a ninguna otra y eso ha sido lo genial. Todo el mundo se fija en Rubinstein, cuando interpreta a Chopin. Usted no. Ha mirado hacia dentro y ha encontrado la manera de contar una historia, un cuento que ha convencido a todos, porque es verdadero. «Su verdad»

Michel tenía los ojos empañados.

—Profesor, no sé qué decir.

—Mire Loupin, la interpretación auténtica es muy difícil. La música es cincuenta por ciento matemáticas y cincuenta por ciento magia. La mayoría de los intérpretes suelen hacer matemáticas, y saben que existe ese otro cincuenta por ciento al que no pueden llegar. Y ¿sabe por qué no lo consiguen?

—No, profesor.

—Porque son incapaces de desprenderse de la estrechez de su mente.

Hizo una pausa y le miró a los ojos.

—¿Usted sabe quién fue Niels Bohr?

—Creo recordar que fue un científico que ganó el premio Nobel.

Exacto. El Nobel de Física. Le contaré una anécdota: en cierta ocasión, un colega norteamericano fue a verle para una colaboración científica. Cuando llegaron al laboratorio de Bohr, el americano vio que este tenía colocada una herradura de siete clavos, firmemente fijada y colocada bocarriba para atraer la buena suerte.

El científico americano le dijo:

—Pero profesor, estoy seguro de que un científico como usted no puede creer que un objeto como este le traerá buena suerte, ¿verdad?

Bohr le respondió:

—Mi querido amigo, por supuesto que yo no creo en absoluto en esas cosas.

Y acercándose a su colega le susurró al oído:

—Pero me han dicho que una herradura te trae suerte, tanto si crees en ella como si no.

Ambos rieron.

—Evidentemente —dijo Michel—, el norteamericano no ganaría nunca el premio Nobel.

—Exacto. Pertenece al grupo de los que nunca conseguirán entender el cincuenta por ciento de la magia que existe en el Universo.

—Gracias por sus palabras profesor y por todo lo que me ha enseñado.

—Me gusta poder decirle que ya no puedo enseñarle nada más. Ahora está usted solo frente al mundo. Ya no me necesita y me alegro. Me alegro mucho por usted... y por mí.

Sonrió.

—Ahora tengo que irme. No hacen falta más abrazos, uno al día es suficiente. Adiós Loupin, le deseo lo mejor.

—Lo mismo digo profesor, y gracias de nuevo.

Prodini dio media vuelta y empezó a alejarse con paso vacilante.

Michel no pudo dejar de mirarle, hasta que giró por la Rue des Ormes y se perdió de vista.

Le invadió una extraña melancolía. Le pareció que aquella despedida era definitiva.

34

Se había corrido la voz de que Michel Loupin estaba en Ginebra, pero Ra no había recibido ninguna llamada suya. Ella tampoco había hecho ningún movimiento para conectar con él.

La relación con Yuri era difícil. Él se había cerrado en banda y únicamente se veían en los ensayos de la orquesta, y aun así la conversación era mínima. Se limitaba a las indicaciones que le daba sobre el fraseo y algunas dudas que se resolvían con monosílabos. Ra se sentía triste y frustrada. Entre los agotadores ensayos de «El Anillo» y el hermetismo de Yuri, la estancia en la orquesta de sus sueños ya no era tan agradable como al principio.

A media tarde, mientras ordenaba el armario de las partituras, sonó el móvil.

—Buenas tardes Ra.

—¡Michel!, Michel, vaya… qué alegría escuchar tu voz.

—Lo mismo digo. Sé que podía haberte llamado antes, pero me he estado reponiendo, como las piezas de un rompecabezas sobre el que ha galopado una manada de bisontes.

Ra sacó su risa de cristal.

—Ya supongo, bisontes europeos, ¿no? —dijo siguiendo la broma.

—Pues sí. ¿Sabes que los últimos bisontes europeos viven en Polonia? Pues allí he estado… ¡Varsovia! Uhm…

—Michel, quiero felicitarte. Te he escuchado. Te hemos estado escuchando. Nos has dejado impresionados. No hay ninguna duda de quién tenía que ganar el Chopin.

—Gracias Ra. Sí, ha sido todo tan intenso y a la vez tan rápido, que me cuesta creer que no ha sido un sueño. Aún necesito asimilarlo, por eso he decidido tomarme una pausa y liberarme unos días para estar listo para lo que vendrá. Peter me ha llamado, tiene apalabrados ya varios conciertos. Tengo solo unos días antes de que empiece todo el lío y voy a aprovecharlos.

Hizo una pausa. Ra estaba a la expectativa.

—El próximo fin de semana mi madre presenta una exposición de pintura en Lucerna. Yo voy a ir un par de días. ¿Te apetecería venir conmigo?

Ra se quedó en silencio. Solo escuchaba el impetuoso latido de su corazón. Por fin acertó a decir:

—¿Lucerna?, vaya, Michel… pues… la verdad es que me encantaría. No sabía que tu madre pintase.

—Ya, hay muchas cosas que no sabes de mí. Si me acompañas nos vamos a conocer mucho más. Nos pondremos al día. Me apetece indagar en *mademoiselle* Buffetti y saber quién es realmente.

—¿Y quién es *monsieur* Loupin?… Yo también quiero averiguarlo.

—Claro. Trataré de hacerme transparente, aunque nunca se sabe qué hay dentro de un ser humano. Ni siquiera yo mismo sé quién soy. Bueno, vamos a ver —continuó—, estamos a jueves. ¿Te parece que salgamos el sábado por la mañana? La inauguración es a las seis de la tarde. Nos volvemos el domingo por la tarde. El viaje en tren es bonito y corto.

—Y ¿dónde nos alojaríamos?

—Conozco un hotel muy tranquilo cerca del Kapelbrüke, en la parte antigua. Tiene una vista espectacular sobre el lago de los cuatro cantones. ¿Conoces Lucerna?

—Pues no.

—Es muy interesante y activa culturalmente. Por eso mi madre expone allí. Saco los billetes y reservo el hotel, ¿ok? Te llamaré para decirte la hora de salida del tren. Nos vemos Ra.

—Adiós Michel.

Ra dejó el teléfono despacio. No se lo podía creer. Un viaje con Michel. A Lucerna... a un hotel... Era más de lo que podía asimilar. ¿Podía imaginarse a Michel haciéndole el amor en aquel hotel con vistas al lago? En esos momentos estaba confundida y desorientada. Yuri se enteraría y la relación con él todavía empeoraría más. Quizá no tendría por qué saberlo. Lo que ahora sentía era felicidad, una felicidad completa y ningún pensamiento negativo se la iba a estropear.

Ra llegó con su pequeña maleta de viaje a la estación de Ginebra a las nueve cuarenta y cinco. El tren a Lucerna salía a las diez y doce. Había bastante gente en el vestíbulo, sobre todo turistas que aprovechaban el fin de semana veraniego, para tratar de conocer a todo correr la pequeña Suiza.

Vio a Michel acercarse hacia ella con una elegante maleta de viaje. Llevaba pantalones vaqueros y una camisa azul turquesa que le sentaba muy bien. Estaba un poco más delgado y seguía teniendo aquella mirada gris que tanto le gustaba.

Michel le sonrió y le dio dos besos en la mejilla.

—Hola Ra. Qué gusto verte después de tanto tiempo.

—¿Qué tal Michel? Sí, yo también estoy feliz de este reencuentro.

—El teléfono es útil, pero poder volver a verte en persona no tiene comparación. Casi no me acordaba ya de tus preciosos ojos. Han pasado meses desde aquel día en el parque.

—Sí, han pasado muchas cosas. Tú has ganado el premio, yo me he hecho mayor...

Los dos rieron.

—Hay bastante gente —dijo él—. Pensaba que podríamos tomarnos un café por aquí, en la estación, pero creo que será mejor ir hacia el tren y lo pedimos en el vagón restaurante. ¿Te parece?

—Claro Michel. Vamos.

Se dirigieron a los andenes. Subieron al tren y se acomodaron en sus asientos. Los dos tenían ventanilla y estaban sentados uno frente al otro.

—Solo son dos horas y media de trayecto. Se pasarán rápido. El problema es que no sabré qué mirar, si al paisaje o a ti...

Ra sonrió.

—Creo que lo mejor sería que mirases con un ojo el paisaje y con otro a mí. Los camaleones pueden hacerlo.

—¿Me estás llamando camaleón?

Michel se puso bizco y empezó a girar los ojos. Los dos rieron.

El tren se puso en marcha. Salieron de Ginebra bordeando el lago en dirección a los túneles que atraviesan los Alpes. Estuvieron un buen rato conversando animadamente y disfrutando del extraño privilegio de estar juntos. Luego Michel dijo:

—¿Y ese café? ¿Te apetece?

—Claro, vamos. Pero si no te importa yo tomaré té.

—Como si quieres tomar chocolate. Ya sabes, el suizo es el mejor del mundo, pero para café, tu país: Italia. Algún día me tienes que invitar.

Pidieron café y té y se sentaron en una mesa. El amplio ventanal del vagón restaurante ofrecía una vista espectacular del bello paisaje suizo.

—Estamos a punto de llegar a Lausana, mi lugar de nacimiento. Después pasaremos por Berna y finalmente Lucerna.

—Tus padres viven en Lausana, ¿verdad?

—Sí. Mi padre tiene allí una tienda de antigüedades y mi madre su estudio de pintura.

—¿Tienes hermanos?

—Una hermana, Claire, vive en Estocolmo. Tiene dos hijos a los que apenas conozco; no coincidimos mucho.

—Nosotras somos cuatro. Todo chicas.

—¡No!

—¡Sí! Y todas viven en Roma. Nos queremos un montón. Yo soy la segunda. La mayor, que es con la que mejor me llevo, quiere venir unos días a visitarme.

—¿Cuándo?

—El mes próximo.

—Así la conoceré. ¿Cómo se llama?

—Gina.

—Ah, sí. Me suena... ¿Lollobrígida?...

—Tonto.

Michel le cogió la mano y la miró con cariño.

—Ra, me alegro tanto de que estés aquí...

El tren continuó su camino atravesando bosques de abetos y prados. A Michel y Ra les pareció que era el verde más bonito que habían visto en su vida.

35

Lausana, abril de 1985.

Cuando Karl salió aquella noche de casa de Gloria Luján, la anciana de la Rue de le Lune, la sensación que le impulsaba a caminar deprisa por las estrechas calles de Saint Laurent era de vértigo. Como cuando era pequeño y colocaba un tablón entre los peldaños de las dos escaleras que guardaba su padre en el taller y caminaba haciendo equilibrio. Vértigo y confusión.

La noche era fría y la luna más fría aún, o eso le pareció. Mientras atravesaba la espesa niebla que se iba formando, no podía dejar de pensar en las turbadoras palabras de la anciana.

¿Realmente podía ser capaz de «captar» otras realidades, tal como decía ella? Y ¿por qué precisamente él? Además, ¿eso no es una enfermedad? Había leído sobre personas que ven cosas que no existen. Se llamaba paranoia y era algo terrible, volvía locas a las personas. Y si, como decía la anciana, esas otras realidades «existían», aún sería peor... No era posible asumir algo así.

Tuvo miedo. Quizá habría una solución... dormiría con la luz encendida. A veces lo había hecho de pequeño.

Recordó que en ciertas ocasiones le pedía a su madre que le dejase la luz encendida, después de contarle el cuento en francés de cada noche. Quizá entonces no fuera consciente, pero podría ser que el miedo a alguna visión impenetrable anidase dentro de él ya de niño.

Mientras caminaba le sobresaltó darse cuenta de que había un silencio inquietante. Únicamente se oía el sonido de sus pasos percutiendo en los plateados adoquines. Tuvo la sensación de que la luna le seguía, pero no pretendía hacerle daño, solo le iluminaba el camino a través de aquella niebla pegajosa que apenas le dejaba ver. Procedía del río y se iba extendiendo por toda la ciudad.

Cuando llegó a casa estaba extenuado. No tenía hambre, pero se obligó a tomar la sopa que había sobrado del mediodía. Después se sirvió un coñac y se sentó en el sillón forrado con un tapizado beige, que solía utilizar para escuchar música. De pronto fue consciente de su inmensa, absoluta y rotunda soledad.

Aparte de sus padres y una tía que había muerto muchos años atrás, no tenía a nadie. Únicamente la anciana vecina Rose y su marido habían tenido algún contacto con ellos. La muerte de su padre había sido un golpe definitivo para todos. A toda prisa tuvo que hacerse cargo de la relojería, ya que su madre quedó tan afectada que le era imposible hacerlo. Y no era solo despachar, había que clasificar y ordenar el material, arreglar los mecanismos averiados, tratar con los proveedores, hacer facturas...

No tuvo oportunidad de conocer gente. No tenía amigos. Nunca había estado con una mujer. Una vez, cuando era joven, se le ocurrió ir a un prostíbulo en Zúrich. Fue una experiencia tan desagradable, que jamás volvió a interesarse por algo así.

Hacía años le gustaba una chica que solía venir por la tienda bastante a menudo. Era divertido, porque le pedía que le mostrase muchas cosas, aunque luego no compraba nada. A él no le importaba. Al contrario, se esmeraba en enseñarle todo y explicarle los secretos de los relojes. A ella le encantaba escucharle. Llegó a creer que venía solo para conversar con él y que quizá incluso le gustaba. Karl nunca se atrevió a proponerle salir. Ahora se arrepentía. Un día dejó de ir y no la vio nunca más.

Estaba harto de estar solo. Quizá podría tener un gato, o cualquier otro animal que le hiciese un poco de compañía. Con los humanos le costaba entenderse, pero los animales siempre le habían gustado. Mientras vivía con su madre descartó por completo tener cualquier mascota, bastante tenía con cuidarla a ella, pero quizá ahora sería un buen momento. Los perros le gustaban mucho, eran cariñosos y obedientes si los sabías educar y siempre estaban dispuestos a compartir contigo su alegría. Pero él se pasaba todo el día en la tienda o en el taller. Aquel pobre animal enfermaría de soledad y pena encerrado en la casa. Serían dos seres solitarios, cada uno en su pequeña prisión.

Se sintió atrapado, impotente delante de la inmensa añoranza de cariño que le aprisionaba. ¿Realmente podía un ser humano vivir completamente solo toda una vida?

El magnífico reloj que tenía en el comedor, el favorito de su padre, marcó las once. El sonido de su campana era perfecto, armonioso, musical como el de una iglesia.

El Tiempo… «Tempus fugit»… Realmente el tiempo vuela. La vida se le estaba yendo de las manos y ni siquiera él podía hacer nada para retrasar aquel reloj.

En aquel momento notó el terrible peso del vacío. Sus ojos se llenaron de lágrimas.

36

Llegaron a Lucerna a media mañana. El hotel no estaba lejos de la estación y decidieron ir caminando, para que Ra pudiese conocer algunas calles de la ciudad.

—Me siento una paleta.

—¿Por qué?

—Pues porque no puedo entender los carteles. Está todo en alemán.

Michel sonrió.

—¡Claro!, es la parte alemana de Suiza.

—Ya lo sé, pero es tan extraño… No me parece el mismo país que Ginebra y están al lado.

—Pues lo es. Y justamente esa es la gracia de Suiza, que tiene una personalidad múltiple, sensibilidades muy distintas y un montón de idiomas: francés, alemán, italiano y romanche, además mucha gente habla inglés y los dialectos propios de cada cantón, es un maravilloso laberinto.

—Alguna vez he probado a hablar en italiano en Ginebra y casi nadie me entiende.

—Ya, claro. Es minoritario, como bien sabes solo hay un cantón, el Tesino, por cierto precioso.

—Sí, allí sí que he estado. El lago Maggiore me encanta, y Lugano. Todo el norte italiano es tan diferente a la parte mediterránea, que tampoco parece el mismo país que por ejemplo Nápoles o Sicilia, pero allí sí que entiendo los carteles —dijo sonriendo—. Y te aseguro que en Italia tenemos más dialectos que aquí.

—Los países son como las personas, tienen muchos aspectos diferentes, algunos desconocidos hasta para ellos mismos.

—¿Tú hablas alemán?

—Bueno, me defiendo. Lo aprendemos en la escuela.

Las plastificadas ruedas de las maletas, en contacto con los adoquines, hacían un ruido espantoso para los musicales oídos de la pareja.

—Me pregunto por qué no hacen las ruedas de las maletas de goma —dijo Michel.

—Totalmente de acuerdo, *monsieur* Loupin.

—Ya estamos...

El hotel era pequeño y acogedor. Michel se dirigió en alemán al recepcionista y pidió la habitación reservada a su nombre.

—*Willkommen* —les dijo el recepcionista dándole la llave.

La habitación estaba decorada en un estilo tradicional con lámparas de pantalla en las mesillas de noche y muebles de madera de abeto. Una gran cama de matrimonio lucía todo su esplendor en medio de la habitación.

Ra miró a Michel... a la cama... y de nuevo a Michel. Este sonrió y sin decir palabra la besó en la boca. Un beso largo y cálido, que hizo estremecerse a Ra. Entonces ella apretó sus labios contra los de él, mientras le acariciaba apasionadamente la nuca y pasaba los dedos por su pelo. Abrió su boca y dejó que la lengua de Michel penetrase y acariciase la suya, jugando a un escondite travieso y excitante.

Cuando él empezó a moldear su cuerpo, y aquellas manos que tanto admiraba tocaron sus pechos, su corazón se abrió de par en par y dejó que aquel sueño se la llevase. Se sintió arrebatada, como aquella noche en el Metropole, en que fue atravesada por la luminosa belleza de su música.

Se entregó como nunca se había entregado y se sintió por encima de todo lo conocido, lejos del tiempo, de la realidad… más allá de la vida y de la muerte.

Cuando abrió los ojos estaba desnuda, abrazada a él y una sensación de placer desconocida hormigueando por todo su cuerpo. Los ojos de Michel estaban clavados en los suyos. Él la besó sin decir nada y acarició su brillante melena negra. Se abrazaron durante un buen rato, mirándose en silencio para llegar al enigma del alma. Ambos sabían que no se podían poner palabras a lo que acababa de suceder. Solo el silencio, el vacío, podía abarcar aquella sensación de plenitud desconocida para ambos.

Era ya casi la hora de comer cuando abandonaron el hotel. El lago de los cuatro cantones brillaba como un espejo, reflejando el sol de mediodía del verano.

—Ven Ra, voy a enseñarte algo muy curioso.

Cogidos de la mano, fueron caminando entre casas con ventanas llenas de geranios, hasta la orilla del río Reuss. Allí se quedaron mirando algo que Ra no había visto nunca y que la dejó asombrada.

Un enorme puente, cubierto con un techo de madera y unas barandillas llenas de flores, atravesaba el río y unía las dos partes de la ciudad. Una magnífica torre surgía insólita en medio del puente, elevándose muchos metros por encima de él.

—Es el Kapellbrüke, el puente de la Capilla. Es el más antiguo de Europa y el segundo más largo. Lo construyeron en mil trescientos sesenta y cinco. Lo que ves en el centro es la Torre del Agua. No se sabe muy bien cómo se les ocurrió construir algo así en medio de un puente.

—Es asombroso.

—Parece ser que la utilizaron como torre de vigilancia e incluso como prisión.

—¿Y todas esas flores que cuelgan a los lados?

—En Suiza amamos las flores. Forman parte de la personalidad del país. Bueno, Ra, me muero de hambre. ¿Vamos a comer algo?

—Encantada *monsieur* —se besaron apasionadamente.

Se dirigieron hacia el centro, dejando que el azar les descubriese algún lugar bonito para comer. Pasaron junto a un restaurante árabe: «Nuits du Liban».

—¿Te gusta la comida árabe? —preguntó Michel.

—Pues sí. Me encanta. Entremos.

Era un restaurante pequeño y tranquilo. Tenían cocina árabe internacional, así que pudieron darse el placer de degustar algunos platos exóticos, más allá del Falafel y la Shawarma. Aconsejados por un amable camarero, pidieron Maqluba de Palestina, Kibbeh de Siria y Manakish del Líbano. Para beber, un agua fresquísima con menta y un poco de miel.

Estaban disfrutando plenamente de aquella agradable comida y en un momento dado la conversación giró hacia el poder de la música para cambiar los estados de ánimo de las personas.

—Michel, he tenido una experiencia que me ha afectado profundamente y que no me puedo quitar de la cabeza.

—¿Ah, sí? Cuéntame.

Ra había recibido carta de Martine desde Lyon unos días antes. Le explicó con detalle todo lo referente a su relación con Desi y su madre, la imprevisible reacción de la pequeña a la música y cómo la niña había tenido una evolución tan positiva desde que empezaron las sesiones.

—Me parece no solo interesante, sino mágico —dijo Michel—. La música como una herramienta de cambio, de progreso, de ayuda a personas con una sensibilidad especial. Creo que es un camino sorprendente. Va mucho más allá del elemento artístico, y mira que el arte para mí lo es todo, pero es cierto que la música ha sido utilizada desde siempre por el ser humano en sus ceremonias de sanación. Yo creo en ello.

—Michel, estoy pensando en hacer de eso una profesión. Estudiar musicoterapia. Desde luego, haciéndolo compatible con la orquesta, que me fascina, pero me gustaría intentarlo. Lo sucedido con aquella niña me ha abierto un camino inesperado.

—Desde luego Ra. Me parece que si recorres ese camino vas a encontrar respuestas a muchas preguntas que todos los músicos nos hacemos: ¿qué es en realidad la música? ¿Cómo puede entrar en nuestro cuerpo y mover tan profundamente nuestras emociones? ¿Afecta también a otros seres vivos... a plantas, a animales?... Creo que es un campo de máximo interés y te animo a que entres en él.

Ra sonrió y acarició la mano de Michel.

—Estoy segura de que puedo hacerlo bien.

—No lo dudes.

—¿Sabes lo que me da más miedo? Que Desi muera. Que esa enfermedad la vaya matando poco a poco y un día desaparezca después de haber sufrido tanto. ¿De qué habrá servido su vida?

—Estás tocando un tema muy profundo. Conocí a una persona que tenía la facultad de ver un poco más allá de lo que nosotros sabemos. Me dijo que precisamente niños como Desi eran almas muy antiguas que estaban aquí para ayudar, sin importarles su sacrificio.

—¿Ayudar? ¿A quién?

—Pues a todos nosotros y aunque parezca imposible también a sus padres. Desi hace que crezcan como personas, les ayuda a ser más espirituales, más bondadosos, más sacrificados, en definitiva más humanos. A ti misma te ha ayudado, te ha dado una nueva perspectiva de la música.

—¿Y si muere? ¿Cómo se quedarán sus padres después de haber luchado tanto por ella? ¿No lo sentirían como un fracaso?

—La muerte es el mayor de todos los misterios, pero ahora me viene a la memoria un poema que hace que veamos la desaparición de este mundo como algo muy diferente. No sé de quién es, pero siempre me ha gustado, porque hace que abramos la mente sobre algo que tenemos muy oscuro. ¿Te gustaría escucharlo?

—Claro Michel, me encantaría.

—Pues es así:

No te quedes llorando ante mi tumba.
No estoy ahí, no estoy durmiendo.
Yo soy el viento que sopla,
el diamante que brilla en la nieve,

la luz del sol sobre el grano maduro
y la suave lluvia de otoño.
Cuando despiertes en medio del silencio matinal,
yo soy el impulso ascendente y ligero
de los silenciosos pájaros que vuelan en círculo.
No te quedes llorando ante mi tumba.
No estoy ahí.

Seis y media de la tarde.

La exposición estaba muy animada. Una sala abarrotada de gente en la Rikenplatz. En la puerta de doble hoja pintada de gris, un cartel con su foto, anunciaba los cuadros de Selene.

Michel y Ra se abrieron paso entre los visitantes. En el centro de un animado círculo de personas divisaron a su madre. Cuando esta vio a Michel, se abalanzó sobre él, le abrazó con ganas largo tiempo reprimidas y le estampó dos sonoros besos, mientras le miraba sonriente.

—Michel, hijo mío. ¡Qué feliz me hace verte aquí!

Se volvió al círculo de personas:

—Amigos, acaba de llegar mi hijo Michel. Viene de Ginebra para estar conmigo en este día tan feliz y yo se lo agradezco tanto…

Le miró y le besó en la mano que mantenía cogida.

—Y además, como alguno de vosotros sabéis, acaba de ganar el concurso Chopin de piano.

Una espontánea ovación pilló a Michel desprevenido, que saludó alzando la mano y mirando a su madre con cara de reprobación.

—¡Mamá, no hacía falta!

Su madre, sin hacerle caso, se volvió hacia sus amigos:

—Queridos, enseguida estoy con vosotros. Ahora dejadme que cuide un poco de mi querido Mishi. Hay champán por ahí, ya sabéis…

Entonces se fijó en Ra. Se miraron las dos un momento. Luego se volvió hacia su hijo con una sonrisa y una interrogación en su mirada.

—Mamá, quiero presentarte a Raquel Buffetti. Hemos venido juntos desde Ginebra. Es violinista, ayudante de concertino en la Suisse Romande y una gran amiga.

—Encantada Raquel —dijo Selene con una sonrisa.

—Lo mismo digo Selene. Michel me ha hablado mucho de ti. Tenía muchas ganas de conocerte y ver tu obra.

—Pues vamos allá. Acompañadme. Os la enseño.

—Mamá, ¿dónde está papá?

—¿Dónde quieres que esté?… allí, junto al bar. Ni os ha visto.

Selene le hizo gestos con la mano, hasta que Jacques les vio. Vino enseguida con un whisky en la mano.

—Michel, hijo, ¡qué ganas tenía de verte!

—Hola papá. Aquí estoy. No podía faltar —se abrazaron—. Te quiero presentar a una colega de Ginebra: Raquel Buffetti.

—¡Hola, colega de mi hijo! —le dio dos besos—. Encantadísimo.

—¿Dónde os alojáis? —dijo Selene.

—En el Kurtz.

—Precioso hotel —dijo su padre.

—Nosotros estamos en casa de unos amigos. Los Durot, ¿te acuerdas de ellos Mishi? Han insistido tanto… Bueno, venid conmigo…

Cogió del brazo a su hijo y a Ra y les fue enseñando la exposición. Fue describiendo todos aquellos magníficos paisajes, cada uno de ellos con una atmósfera especial y única. Cada acuarela hacía vivir una sensación diferente. No se repetía. Esta era la cualidad más atrayente de sus cuadros, la captación distinta de cada momento, a través de una personalísima luz, una equilibrada disposición de las figuras dentro de la composición y la soltura en el trazo.

Eran de una gran calidad. Muchos de ellos ya llevaban el punto rojo que indicaba «vendido».

Michel y Ra estuvieron con Selene y Jacques hablando y bebiendo champán, hasta que la gente empezó a marcharse. Sus padres iban a cenar en un restaurante con unos amigos.

Michel y Ra se despidieron y fueron caminando hasta el hotel. Esa noche volvieron a hacer el amor apasionadamente.

37

Las casi tres horas de tren desde Lucerna se les hicieron muy cortas. Cuando el domingo llegaron a Ginebra ya había anochecido. Michel le pidió a Ra que se quedase a dormir en su casa. A pesar de lo mucho que le apetecía, ella prefirió ir a la suya, ya que el lunes a primera hora tenía ensayo con la orquesta y necesitaba estudiar, o al menos echar un vistazo a las partes más difíciles del «Sigfried».

Por su parte, Michel sabía que se le había acabado el corto plazo para disfrutar de una vida sin compromisos. El lunes por la mañana, Peter vendría con su agenda y le enseñaría los proyectos que ya tenía apalabrados y que habría que afrontar de forma inmediata. Aquellos dos días habían sido un sueño, pero ahora empezaba la vida real.

Salieron de la estación y se dirigieron a la parada de taxis.

—¿Qué vamos a hacer ahora? —dijo Michel.

—No sé. Tendremos que acostumbrarnos a vernos poco. Tú eres un solista. Necesitas tantas horas de estudio, que casi no queda tiempo para nada más. Además, seguro que tendrás que viajar mucho a causa de los conciertos.

—Lo sé. Tú también tienes mucho trabajo. Ensayar y aprenderte «El Anillo» será un esfuerzo colosal, y los conciertos... por cierto, me he enterado de que vais a Alemania.

—Sí, vamos a Bayreuth, a la casa del señor Wagner. Dios mío, estará todavía más presente en esta etapa de mi vida. Es como vivir con él. Me siento casada con Richard...

Los dos rieron.

—Bueno, dejemos que el destino tire los dados —dijo Michel.

—Sí, pero que salga una buena jugada —dijo ella apretándose contra su cuerpo.

Se despidieron con un largo abrazo y un beso infinito. Después tomaron cada uno un taxi. La noche ginebrina les acogió de nuevo. Un último beso lanzado a través del cristal y se perdieron en direcciones opuestas, cada uno a una parte distinta de la ciudad.

—¡Michel!, ¡Michel!, me alegro de verte —dijo Peter entrando impetuosamente por la puerta y enfilando el pasillo en dirección al comedor sin esperarle.

Michel se le quedó mirando. Sabía que cuando Peter se mostraba como un tanque que arrasa con todo, es que traía material sensible. Le siguió y se sentaron frente a frente, delante de la mesita del comedor.

—Querido Michel. Te has convertido de la noche a la mañana en la atracción musical del momento. Los conciertos en el Metropole ya habían sido una llamada de atención y los entendidos más importantes te conocían, pero después del Chopin, para el gran público eres el nuevo descubrimiento. Todo el mundo quiere oírte tocar. Por cierto, ¿qué tal en Lucerna?

—Pues...

—Bueno, es igual —le interrumpió Peter—. Ahora vamos a las cosas realmente importantes que tenemos entre manos. Mira.

Abrió su abultada cartera y extrajo un buen fajo de papeles.

—¡Precontratos! Ya firmados por mí. Tenemos de entrada dieciséis conciertos en un mes y medio. El Concertgebouw de Ámsterdam, París, el Palau de Barcelona, Amberes, Dublín… —fue ordenándolos cuidadosamente uno por uno en un montón—, desde luego Varsovia, pero también Viena, Lugano, Bruselas, Copenhague, Berlín… —estaba eufórico—. De momento solo he cogido Europa, pero están llegando ofertas de Estados Unidos, Sudamérica y Japón. ¡Giras!, ¡giras de veinte, treinta conciertos! Estoy subiendo el caché visto lo que está pasando. Nos vamos a hacer ricos. Sobre todo tú.

Se le quedó mirando como un búho a punto de saltar sobre el ratón.

—¿Qué te parece? ¿No dices nada?

—Peter, es que no sé qué decir. Estoy mudo, asombrado, incrédulo. ¿Por qué tanto revuelo?

—Yo tampoco lo sé muy bien, pero desde luego asombras al personal con tu manera de interpretar. A mí me impactaste desde el primer día y tienes una imagen interesante, eres guapo, joven, moderno… No llevas corbata, ni pajarita. Eres sobrio y sereno tocando. Tienes una visión de las obras muy personal, muy tuya. No haces teatro y buscas la profundidad, todo eso la gente lo sabe apreciar.

—Peter, estoy un poco abrumado.

—¡Tonterías! ¿Cómo estás de dedos?

—Pues hace cinco días que no veo un piano.

—¿Sabes lo que decía Rubinstein, no?: «Si dejo de tocar un día, lo noto yo, si dejo dos días, lo nota el director y si dejo tres, lo nota el público»... O sea que ya sabes. Hoy mismo tienes que empezar. Necesitamos repertorio, ¡repertorio! —casi gritaba Peter—. Tienes que tocar en un montón de sitios, no puedes repetirte.

Michel nunca lo había visto tan excitado.

—Por cierto, la Suisse Romande quiere que toques con ellos en Ginebra el concierto de Grieg. Tienes que empezar a prepararlo ya. Bueno, me tengo que ir. Negociar todo esto no es ninguna tontería. Todos tratan de arañar el mejor precio. Hay que luchar como un domador de leones, pero estoy preparado.

Miró a Michel y le señaló con el índice:

—Ahora prepárate tú. Te dejo los precontratos. Míratelos. En unos días te traigo los definitivos. Te va a doler más la mano de firmar, que de tocar a Rachmaninov.

Le dio un fuerte abrazo.

—Bueno, monstruo. ¡Ponte las pilas ya! Adiós.

Salió a toda prisa dando un portazo. Michel se dejó caer sobre el sofá. Estaba aturdido solo de pensar en lo que se le venía encima. ¿Sería capaz de soportarlo?

Miró al piano como quien ve a un viejo amigo después de una larga separación. Se levantó y despacio se acercó a él. Lo acarició, se sentó y empezó poco a poco a tocar un nocturno de Chopin. Volvió a sentir en su corazón la magia de crear música.

El cansancio desapareció al momento. La música le curaba, le daba energía, le hacía respirar...

Estuvo tocando hasta que el sol se empezó a ocultar detrás de las familiares montañas.

38

Cuando Ra llegó a su casa, todavía le costaba creer lo que acababa de vivir el fin de semana.

Era una sensación de ingravidez; de estar flotando sobre una nube que no le dejaba pensar, solo sentir. Y lo que sentía era amor. Un amor que se extendía hacia todo. No solo a Michel, sino también a la vida, a las personas, al infinito mundo de la música, a su querida orquesta, e incluso a Yuri. A pesar de que su relación con él estaba muy tirante, tenía ganas de verle y darle un abrazo. De decirle que su vínculo con Michel no tenía por qué impedir que entre ellos dos hubiese un cariño sincero y profundo.

De lo que no estaba muy segura era de comentarle el viaje a Lucerna y lo bien que había estado con Michel. No había necesidad y podía herirle. Eso no lo deseaba en absoluto.

Agradeció al Universo el haberle concedido una vida tan hermosa y tan rica como la que sentía en aquel momento.

Aquel año, en Ginebra la vida le había regalado mucho más de lo que se podía imaginar: la ciudad misma le encantaba, era bonita, culta, neutral políticamente y sede de las instituciones más importantes de los derechos humanos y la paz en el mundo. Esto se podía sentir en el ambiente. Tenía un alma limpia.

También había supuesto un cambio radical el hecho de vivir sola, de tener un piso que cuidar. Su estancia anterior en casa de sus padres le parecía ya un episodio lejano y perdido en el tiempo. Estaba orgullosa, si no hubiese alquilado aquel pequeño piso, nunca habrían aparecido en su vida Desi y Martine. Gracias a ellas su visión de lo que puede ser la música había supuesto un cambio de perspectiva inimaginable unos años atrás. Y desde luego estaba el nexo con aquellas dos personas a las que amaba y con las que se sentía íntimamente unida: Michel y Yuri. Finalmente, ser miembro de la orquesta de sus sueños había colmado sus expectativas.

Se sintió absolutamente feliz.

Se puso a revisar la parte de cuerda de «Sigfried». Era tremenda, pero maravillosa. Especialmente la parte de la muerte del héroe, tenía una belleza desgarradora que le hacía sentir escalofríos. Estaba deseando escucharla con todo el poder de la orquesta reforzada con la que interpretaban Wagner. Al menos veinte personas más de las habituales se necesitaban para dar vida a aquella música.

Cuando llegó al ensayo y empezó a saludar a sus compañeros había un ambiente bastante animado. Después de un fin de semana de descanso, todo el mundo se sentía renovado y con ganas de afrontar aquel reto espectacular.

Armand, el primer oboísta, la vio entrar y se acercó a saludarla con una sonrisa.

—Te veo un poco diferente. ¿Más guapa?... quizá, aunque es difícil, ya lo eres mucho en los días normales, pero hoy estás radiante.

—Gracias Armand, pero cuidado con babear, ya sabes que con saliva no se puede tocar el oboe.

—¡Malvada! Ya no te quiero.

Se dieron un beso y se dirigieron cada uno a su puesto. Yuri estaba ya sentado en el atril. Miró a Ra un momento.

—Hola Ra.

—Venga tío. Dame un abrazo.

—No gracias. Estoy bien así.

—¿Qué te pasa Yuri?

—¿Te fue bien en Lucerna con Michel?

Ra se quedó petrificada.

—¿Cómo lo sabes?

—Bueno, uno tiene sus contactos. Mira qué casualidad, que el viernes por la noche salgo a tomarme unas copas y ¿con quién me encuentro?... con Peter Greenfield. Él me lo dijo. Sin mala intención ¿eh? Fue un simple comentario, pero la verdad es que no me lo esperaba.

—Bueno Yuri, siento mucho que te duela. Lo último que querría es hacerte daño, pero las cosas han salido así. Nadie ha escogido cómo mover los hilos.

—Tú has escogido. Y yo he perdido —hizo una pausa—. Lo siento, no quería ponerme dramático. Eres completamente libre de ir con quien quieras y además, Michel es un tío especialmente interesante. Os deseo lo mejor.

—Pero Yuri, mi relación con Michel no tiene por qué estropear la nuestra. Yo también te quiero —Yuri levantó la cabeza y la miró—, de otra manera, pero también es amor. Si no, no me hubiese enrollado contigo. De verdad, intentemos construir algo positivo.

—Ya. ¿Amistad?... eso ya lo tenemos.

—Lo teníamos, pero lo estamos perdiendo y no me gusta. Eres una persona maravillosa Yuri, y necesito tu apoyo y saber que estás bien conmigo. Si estamos mal me siento fatal. Anda, dame un abrazo.

Yuri se levantó y se abrazaron. Él se separó.

—Tenemos que afinar. Stein está a punto de salir.

Se levantó, hizo una seña a Armand y este dio el *La* tres. Toda la orquesta afinó con aquella nota: 440 Hzs. Aquella vibración exacta era el metro que medía la afinación de todas las orquestas occidentales. Había ido evolucionando con el tiempo. Antiguamente se afinaba más grave. Los griegos lo hacían a 435 Hzs. Pero, para lograr mayor brillantez, se había ido subiendo la afinación. Los estudios de grabación modernos incluso llegaban a 442 Hzs, pero había instrumentos que tenían problemas con una afinación tan aguda y el oboe era uno de los que más. Por eso era el encargado de dar la nota con la cual toda la orquesta afinaba.

Horst Stein entró en la sala. Los músicos se pusieron en pie, en señal de respeto.

El director hizo un gesto para que se sentasen y les miró sonriente.

—Buenos días señores. ¿Cómo estamos? Espero que hayan descansado y aprovechado el magnífico fin de semana que hemos tenido. Vamos a afrontar una de las partes más poderosas y bellas de «El Anillo»: «Sigfried». Espero que les guste tanto como a mí esta música, que es emoción pura y de una sublime belleza. Además, es la ópera escogida para tocar en Bayreuth, en el Festival Wagner, que se celebra cada año en el teatro que él fundó. Es un honor hacerlo y tiene que salir perfecta. Tocaremos ante el público más entendido en Wagner de todo el mundo.

Los músicos se miraron y algunos sonrieron. Les gustaban los retos difíciles.

—También quiero decirles que, cuando terminemos los ensayos de «Sigfried», empezaremos a montar el encantador concierto para piano de Edvard Grieg. Un joven, pero fantástico pianista suizo de Lausana, lo tocará con nosotros: Michel Loupin.

Ra y Yuri se miraron.

39

Lausana, verano de 1985.

Domingo por la mañana. Karl se despertó con dolor de cabeza y malestar general. Sin embargo, sabía que no había tenido los sueños recurrentes. Hacía días que dejaba la luz encendida al acostarse y en cierta medida el truco funcionaba.

Las imágenes que le asediaban durante la noche, y el rostro de su madre al despertar, habían desaparecido. Por lo menos de momento; pero sabía que con aquella luz no descansaba bien. Le costaba dormirse y por la mañana se encontraba entumecido y débil. Sin embargo, no acababa de hallar otra solución.

Se levantó con ganas de hacer algún cambio en su monótona vida, aunque fuese pequeño. Hoy haría algo que no hubiese hecho nunca. Los domingos solía dedicarlos a escuchar música. Se pasaba la mayor parte del día poniendo los viejos, pero cuidadísimos discos de vinilo que había heredado de su padre.

Un impecable amplificador Marantz, un ecualizador y aquellos grandes altavoces Infinity, ingleses, especializados en música clásica, le proporcionaban una escucha de gran calidad que le hacía feliz. «Las variaciones Goldberg», por Glenn Gould; «El Clave bien temperado» por Andras Shift, Chopin, Rubinstein, Horowitz, Pollini, Claudio Arrau…

Pero aquel domingo, el verano animaba a salir. Se levantó y miró por la ventana. Eran las ocho y treinta. Lausana todavía no se había despertado. Los domingos los suizos se los tomaban con calma. Miró el cielo. Ni una nube. Parecía un día perfecto para pasear. Se fue hacia el cuarto de baño para ducharse e intentar desprenderse de la mala sensación corporal que todavía guardaba. A veces le ayudaba poner el agua muy caliente al principio y bruscamente cambiar a fría. Conseguía hacer reaccionar al cuerpo. Le surgían unas respiraciones espontáneas y profundas desde el vientre, que disipaban su fatiga y le animaban.

Se encontró mejor después de la ducha. Se preparó un desayuno un poco especial: café con leche y cruasanes que descongeló de la nevera. Vio un periódico caído cerca de una silla. Era un diario local que regalaban en el supermercado, lo cogió para ojearlo. Quizá encontrase algo que le inspirase y le dijese qué hacer hoy.

Le llamó la atención un recuadro que anunciaba el zoológico de Servión. Sí, ¡perfecto!, eso era. Nunca había ido al zoo en Lausana. Ese parque estaba en las afueras, pero había autobuses directos hasta allí. No sería un viaje muy largo. A Karl no le gustaba el transporte público. Le agobiaba estar tan pegado a la gente, pero el anuncio hablaba de solo media hora desde el centro. Estaba decidido. Además, comería allí.

Efectivamente, en treinta y cinco minutos el autobús le dejó en la puerta del zoológico. Los animales salvajes siempre le habían gustado. Su padre le había llevado al de Zúrich muchas veces de pequeño. En algunas ocasiones también había ido con su madre, pero en general iban solos los dos.

Su padre sabía mucho de animales y le explicaba en qué zona del planeta vivían, cómo criaban a sus hijos y lo inteligentes que llegaban a ser, aunque nosotros no lo creyésemos.

Compró la entrada y empezó a caminar al azar. Era un zoo bonito, muy bien cuidado y, aunque había algunas jaulas, la mayoría de los animales estaban en instalaciones adecuadas, aisladas por fosos. Le gustaban los olores del zoo. A otras personas les repelían, pero él disfrutaba con aquellos «perfumes» tan poco habituales.

Se quedó un buen rato observando las llamas, aquellas parientes de los camellos. Qué ojos tan inmensos y oscuros y aquella actitud displicente, orgullosa y elegante… Le encantaba la variedad de colores que lucían y la calidez de su lana.

Fue recorriendo las diferentes zonas, contemplando la belleza de los ciervos, la escurridiza rapidez de las focas, las enormes jirafas, que caminan a cámara lenta…

Se encontró de pronto ante el pabellón de los primates. Entró. Había un ambiente bastante oscuro y cerrado. Se acercó a un chimpancé. Estaba solo en una jaula de cristal. Tenía unos troncos, alguna cuerda y cemento en el suelo. No le gustó verlo así. Los chimpancés, nuestros parientes más cercanos… «Ellos sí que necesitan libertad —pensó—. Lo pasan muy mal encerrados». Aquel mono estaba quieto, sentado y su mirada reflejaba una profunda tristeza. De vez en cuando levantaba la vista hacia algo que solo él debía ver, porque Karl no distinguía nada. Su vida era monotonía pura y su gran inteligencia se iría atrofiando, a fuerza de no hacerla servir. Su mundo, tan variado e interesante en su selva original, se veía confinado a cuatro paredes y unos troncos pelados en los que sentarse. Una vida solitaria y miserable.

Desde el estómago sintió una sacudida y después un escalofrío que le recorrió todo el cuerpo. Fue consciente de que su vida era como la de aquel mono. No tenía nada, no tenía a nadie. Si se moría mañana en su cama, nadie le echaría de menos. Bueno, quizá algún cliente, pero no a él personalmente, sino al reloj que le habría dejado para arreglar.

Su vida también se había convertido en algo solitario y miserable.

Salió del pabellón. Caminó deprisa y se internó por una zona ajardinada, con unos árboles inmensos y pocos animales. Parecía un lugar de esparcimiento con mucha sombra.

Estaba tremendamente triste y tuvo que contener las lágrimas para que no le vieran llorar.

Vio un banco y se sentó. Puso la cabeza entre las manos y cerró los ojos. Hoy que quería ser feliz, que necesitaba sentirse un poco diferente, había acabado como siempre: viviendo la desolación de su terrible soledad y sintiéndose la persona más desdichada del mundo.

Cuando se cansó de compadecerse de sí mismo, se recostó hacia atrás en el respaldo. Al incorporarse, su mirada fue a caer en el banco que estaba situado justo enfrente del suyo. En él estaba sentado un niño de unos siete años, que le miraba con expresión seria.

Karl le observó. Era moreno, ojos color café, que contrastaban con la blancura de su piel. Karl miró a ambos lados. Un niño de esa edad no podía estar solo en el zoo, sus padres debían estar cerca.

Esperó un rato y miró su reloj, habían pasado doce minutos y nadie venía a buscarle. El niño no tenía una actitud especial, parecía que esperase a alguien, pero estaba tranquilo. De vez en cuando miraba a Karl con una expresión que él no sabía interpretar. Finalmente, decidió levantarse y fue hacia él.

—Hola, he visto que llevas un rato aquí. ¿Estás esperando a tus padres?

El niño le miró, pero no dijo nada. Parecía no entender la pregunta. Karl se había dirigido a él en francés. Le hizo la misma pregunta en alemán, luego en inglés y finalmente en italiano.

No hubo repuesta. Karl no sabía muy bien qué hacer. Se sentó a su lado.

—¿*Do you speak english*?

El niño abrió la boca y dijo una frase en un idioma que Karl no había oído nunca.

Se señaló a sí mismo.

—Yo, Karl, ¿tú? —y le apuntó con un dedo.

El niño pronunció un sonido parecido a *Sheignem,* o algo así entendió Karl.

—¿Qué estás haciendo aquí? —le preguntó despacio en inglés, moviendo mucho los labios y tratando de acompañar las palabras con todo tipo de gestos realmente exagerados.

El niño parecía bastante divertido con aquella exhibición. Sonrió.

Se levantó y cogió a Karl de la mano. Le guio hasta la parte del zoo donde estaban los felinos, mientras soltaba sin parar una cháchara incomprensible.

Karl se preguntó si sería un idioma eslavo, ¿croata?, ¿serbio?... o quizá islandés... desde luego ruso no era, pero no lo podía identificar.

De pronto se vio caminando por el zoo con un niño de la mano, que le iba hablando y señalando los animales, sin preocuparse en absoluto de si Karl le entendía. Los niños se comprenden más allá de las palabras, pero Karl hacía mucho tiempo que había dejado de serlo.

Llegaron a los elefantes. El niño se soltó de su mano y se apoyó en la baranda para verlos mejor. Karl se puso a su lado. Los dos miraban aquellos magníficos animales, como lo había hecho él con su padre muchos años atrás. De pronto se sintió feliz. El niño le miró señalando los paquidermos.

Siguieron un rato más de la mano, contemplando los diferentes animales. Karl estaba muy confuso, pero se dio cuenta de lo mucho que le hubiese gustado tener un hijo.

De todas formas, aquel niño no podía estar solo allí y menos sin hacerse entender en algún idioma conocido. A pesar de lo que le gustaba estar con él, y lo feliz que se sentía, se creía en la obligación de encontrar a su familia o ayudarle a llegar a casa, si es que vivía por allí.

De pronto el niño se paró y buscó algo en el bolsillo. Sacó una piedra pálida de un precioso color amarillo, que Karl no había visto nunca. Era muy suave y estaba caliente. Se la puso en la mano y se la cerró. Quería indicar que era un regalo. A Karl se le llenaron los ojos de lágrimas. Observó la piedra. Era maravillosa. Karl le dio un beso en la mejilla y el niño sonrió. Se propuso ayudarle a toda costa a encontrar a su familia enseguida, pero ¿cómo?

El niño se sentó en el suelo y empezó a trazar en la tierra con el dedo unos dibujos geométricos. Karl le observó con atención, eran extrañamente hermosos.

De improviso, a unos cincuenta metros divisó un policía. Era su oportunidad. Él podría ayudarle. Le hizo una seña al niño, que seguía dibujando, que le esperase allí un momento y fue corriendo al encuentro del guardia. Le explicó que había encontrado un niño que… cuando se volvió para indicarle, no había ni rastro del pequeño. Karl volvió corriendo al lugar donde le había dejado y miró en todas direcciones. Solo había tardado unos segundos y estaban en una plaza despejada. El niño había desaparecido. El maravilloso dibujo en la tierra parecía estar terminado. No pudo encontrar una explicación lógica.

Se miró la mano. La piedra amarilla seguía allí, suave y caliente.

Dos años más tarde...

40

Ginebra. 1987.

—Hola Ra, soy Michel.

—¡Michel!... Hola. Ya casi me iba a dormir. ¿Sabes qué hora es?

—Ya, perdona, es el cambio de horario. Entre los ensayos y la distancia me cuesta encontrar el momento de llamarte.

—¿Dónde estás?

—En Montreal. Llevo tres días en Canadá y todavía me quedaré una semana. Mañana toco con la sinfónica de Montreal el segundo concierto de Rachmaninov.

—Ese sí que es un hueso, pero precioso. ¿Cómo estás, Michel?

—Bueno, bien... pero terriblemente cansado. Después de los conciertos me quedo vaciado. Tengo que estar absolutamente quieto y no puedo hablar con nadie. Le he dicho a Peter que ya no concederé más entrevistas. Se ha puesto furioso, pero me da igual. Necesito estar solo después de tocar.

—¿Es normal que te quedes tan agotado después de cada concierto?

—No lo sé Ra, pero cada vez es más intenso. Yo mismo he empezado a preocuparme. Es como si me quedase sin fuerzas. No tengo dolor, es simplemente la sensación de que el cuerpo se reblandece por dentro. Me siento transparente, como de cristal, de una fragilidad extrema. Después de un tiempo me recupero, pero cada vez es más prolongado.

—¿Por qué no vas a un médico?

—Creo que tendré que hacerlo, pero de momento la vida que llevo no me lo permite. Hace meses que no estoy en Suiza y buscar médicos en otros países tiene poco sentido. Además, en cuanto pasa un cierto tiempo me encuentro bien otra vez, como si no hubiese pasado nada. Es bastante misterioso.

Hizo una pausa. Hubo un silencio entre ambos.

—Y tú, Ra, ¿cómo estás?

—Te diría que estoy bien, pero la realidad es que me siento muy frustrada por lo poco que nos vemos. Sí, vale, hablamos por teléfono... pero en persona es como si no existieses. Puedo contar las veces que hemos dormido juntos. Nueve veces en dos años.

Silencio.

—Lo sé Ra. Lo sé perfectamente y ¿qué crees?, ¿que a mí no me duele?... pero no sé cómo hacerlo, Peter viene cada vez con más conciertos. Dentro de dos semanas estaré tres días en casa, pero luego empiezo una gira por Japón de casi un mes.

—¡Joder Michel!... es horrible... porque por un lado me alegro muchísimo por ti, pero por otro me duele tanto que no podamos vernos... Sinceramente Michel, este plan no me gusta nada. No sé si puedo y quiero aguantar esta situación.

Michel notó que ella estaba a punto de llorar.

—No sé qué te puedo decir. De momento no veo salida. En algún momento quiero hacer un año sabático, pero por ahora tengo el próximo año y medio lleno de conciertos ya contratados y la grabación completa de los nocturnos de Chopin para la Schweiz Grammer.

Silencio.

—Cuando pedimos al destino una buena jugada, no era precisamente esta —continuó Michel—. Yo sigo enamorado de ti, pero es como si fueses una estrella que está allá en el firmamento, inalcanzable, aunque su brillo me llegue cada noche.

Le pareció que Ra estaba llorando al otro lado del teléfono. Se le hizo un nudo en la garganta.

—Por favor, no llores. Me duele terriblemente.

Oyó la voz de Ra entrecortada por las lágrimas.

—Y a mí también.

Luego escuchó un clic y todo terminó, Ra había colgado. Seguramente ya no podía hablar. Se la imaginó llorando tendida sobre la cama.

Él también tenía los ojos húmedos. Aquella conversación le había dejado un penetrante y sombrío dolor... tenía el sabor ácido de una despedida.

41

Ginebra, 1988.

Los conciertos de la Suisse Romand se cerraron con un éxito rotundo. La versión que la orquesta dirigida por Stein había hecho en Bayreuth de la ópera «Sigfried», había tenido el favor del público y unas críticas magníficas. Un esfuerzo colosal, pero que había merecido la pena. La orquesta había crecido musicalmente, y la manera en que el gran director les había conducido hasta identificarse con la monumental obra de Wagner, les había proporcionado una nueva dimensión que antes del «Anillo» no tenían. Como diría Prodini, les había sacado de su zona de confort.

Otro de los grandes momentos de la temporada había sido el concierto de piano de Grieg. La fusión de la Suisse Romande y Michel Loupin había gustado tanto, que tuvieron que repetir un fragmento del tercer movimiento.

Ra se había sentido muy desconcertada aquel día. Le encantó sentir a Michel tan cerca de ella y la maravillosa sensación que le producía su manera de interpretar, pero a la vez se le hizo evidente la distancia que había entre los dos. Él era el solista, el importante, el genio, y ella una violinista más.

Él hizo su tarea a la perfección y, cuando acabó, además de abrazar a Stein, dio la mano a Yuri y a ella, como representantes de la orquesta. Cuando la saludó le dedicó una gran sonrisa y sorprendentemente le guiñó un ojo, lo que no pasó desapercibido para Yuri. Ella se quedó desorientada, nadie en la orquesta, excepto Yuri, sabía de su relación, y no deseaba ni remotamente que se enterasen y le gastasen bromitas. Además de amor, Ra sentía un gran respeto por Michel.

A medida que fue discurriendo el tiempo, Yuri se volvió más amable con Ra. Aquella actitud desairada no podía durar. Le importaba demasiado, aunque no habían vuelto a salir juntos. También Yuri era cada vez más consciente de que la relación entre ella y Michel se iba diluyendo por el tiempo y la distancia y había buscado la manera de acercarse más a ella y consolidar su amistad, tratando de ir un poquito más allá.

Después del ensayo, mientras guardaban los violines, miró a Ra, que ordenaba las partituras, y le dijo:

—Hoy ha llegado mi hermana Natalia de Moscú.

—¿Ah sí?, vaya Yuri, qué buena noticia, ¿no?

—Ya lo creo. Tenía muchas ganas de verla, nos llevamos muy bien. Es solo un año mayor que yo y una excelente cantante. ¿Te acuerdas? Ya te lo había comentado.

—Natalia. Sí, me parece recordar que me habías hablado de ella, pero hace tanto tiempo…

—Ya, últimamente nos hemos comunicado muy poco tú y yo, pero ya estoy harto, eso tiene que cambiar.

Cogió la mano de Ra y la miró directamente a los ojos.

—Me encantaría que vinieses a cenar con nosotros esta noche.

—¿A tu casa?

—No, iremos a un restaurante, pero nada de comida rusa, quiere probar otras formas de cocinar. Ya veremos adónde vamos, anda, vente. Así la conoces, es muy simpática. Yo invito.

Ra se quedó pensativa un momento.

—De acuerdo. Conoceré a Natalia —dijo con una sonrisa.

—Puedes llamarla Natasha, es su nombre, en ruso. Pues fantástico Ra, te lo agradezco mucho. ¿Quedamos a las siete delante de la HEM?

—Vale. Allí estaré.

Se separaron. Era la primera vez en los últimos años que quedaban para salir y a ambos les apetecía.

Cuando Ra llegó, los dos hermanos ya la estaban esperando.

—Te presento a Natasha, mi hermana.

Se dieron dos besos. A Ra le pareció de una belleza deslumbrante y exótica. Era muy alta, rubia, con ojos claros y una sonrisa elegante y encantadora, que le recordaba a la de Yuri.

—Es un placer Natasha.

Yuri se dirigió a su hermana y le hizo la presentación de Ra.

—Solo habla ruso y un poco de inglés. Dice que ella también está feliz de conocerte y que eres guapísima.

Ra sonrió.

—¿Qué te parecería ir al mexicano de la Rue Laverne? Ella no conoce la comida mexicana y seguro que le sorprende.

—Por mí bien Yuri, me gusta el picante, pero tampoco que me ponga la boca como un dragón.

—No te preocupes, en Ginebra no se les ocurre poner un picante tan fuerte como en México. Al fin y al cabo, los clientes son suizos... o sea... moderaditos en todo...

Se rieron los dos, Natasha no pudo pillar la broma.

El restaurante mexicano Zapata era un lugar bastante grande, pero acogedor, con manteles de cuadros y una vela en cada mesa. El dueño debía tener un humor peculiar, porque en cuanto se acomodaron, una joven camarera con coletas y vestido mexicano trajo dos flores para el cabello de las chicas y unos grandes bigotes postizos para Yuri. Se colocaron los adornos y ellas se rieron como niñas, viendo las muecas que hacía Yuri con aquellos enormes bigotes puestos.

Pidieron un poco de todo: enchiladas, tacos, frijoles con carne, ensalada, nachos con guacamole, tortillas... todo ello regado con cervezas Corona, auténticas mexicanas.

Con Yuri haciendo de traductor, Ra se enteró de que Natasha estaría en Ginebra tres días y luego seguiría viaje a Madrid. Tenía una amiga íntima que estaba viviendo allí desde hacía un año y le iba bastante bien. Natasha estaba tanteando la posibilidad de irse de Moscú.

La hermana de Yuri era cantante de música clásica. Su especialidad eran las bellas canciones de los compositores rusos, aunque también dominaba los *lieder* alemanes e incluso la ópera. Su voz era muy bella, cuando hablaba en un ruso especialmente cálido. Ra dedujo que debía ser mezzosoprano.

Yuri explicó que Natasha había trabajado en Moscú, en una residencia con personas mayores enfermas de Alzheimer. Les cantaba canciones populares rusas que eran muy conocidas; y aquellas personas, que no eran capaces de recordar ni su nombre, se acordaban perfectamente de aquellas melodías.

—La música es un gran misterio —dijo Yuri—. ¿Cómo pueden esas personas recordar una melodía y sin embargo no saber el nombre de sus hijos?... No lo puedo entender.

Natasha comentó que, antes de empezar las sesiones con personas enfermas había estudiado musicoterapia durante dos años. Contó que su profesor les había explicado que la música no se dirige ni trabaja con nuestro universo racional, con el neocórtex, sino con otra parte de nuestro cerebro conocida como sistema límbico o cerebro emocional. Les había contado que es el mismo proceso, mediante el cual un niño pequeño aprende perfectamente el acento del idioma que le enseñan sus padres, la musicalidad de aquella lengua. En cambio, si una persona aprende un idioma de adulto le es muy difícil tener un acento perfecto, porque lo aprende con el neocórtex.

También les había comentado cómo la música quedaba firmemente grabada y almacenada en el sistema límbico y por eso, cuando escuchábamos una canción que nos emocionaba en el pasado, seguía provocando en nosotros aquel sentimiento, porque su efecto se mantenía a través del tiempo. La música era como un imán que impregnaba las emociones y las guardaba para siempre. Las personas con Alzheimer tenían dañado el neocórtex, pero no su cerebro emocional, por eso recordaban las melodías que amaron.

Ra la escuchaba extasiada. Aplicar la música desde esa perspectiva le fascinaba.

No pudo menos que explicarle a Natasha, con Yuri de traductor, su experiencia musical con Desi y el contacto que seguía manteniendo con Martine. Se escribían casi cada semana, y sabía que Desi estaba recibiendo sesiones de musicoterapia con una cantante que se acompañaba con la guitarra y estaba evolucionando cada vez mejor. Se relacionaba mucho más con su entorno y las crisis habían bajado mucho de frecuencia e intensidad. Además, Martine había empezado a trabajar, porque su hermana le suponía una gran ayuda con la niña, así que de momento les iba muy bien en Lyon.

—Me alegro mucho —dijo Yuri—. Se lo merecían.

Por su parte, Natasha estuvo muy de acuerdo con la experiencia que había tenido Ra y afirmó que la ciencia empezaba a ser consciente de la gran herramienta terapéutica que era la música y que sin duda formaría parte de la medicina del futuro.

—Yuri, ¿Natasha no está casada?

—Lo estuvo, pero se divorció. Su marido bebía mucho y la trataba fatal. En Rusia esto es un problema endémico.

Natasha preguntó por medio de su hermano, qué relación había entre ellos dos.

A juzgar por la elaborada contestación en ruso de Yuri, la cosa parecía de todo menos sencilla.

Ra sonrió escuchando como su amigo, muy serio, trataba de explicar en un idioma tan lejano lo que sentía por ella. Natasha miraba a Ra con una sonrisa. Después, le dijo en inglés:

—*I think you both will end up together.*

Yuri y Ra se miraron y los dos rieron a la vez. Yuri levantó la cerveza y dijo:

—¡Brindo por eso!

42

Lausana, verano de 1985.

Unos días después del desconcertante encuentro con aquel niño en el zoológico de Servión, Karl quedó tan devastado y confuso, que decidió volver a consultar a Gloria Luján, la anciana vidente que conoció en el bosque de Sauvelín, por si era capaz de explicarle unos hechos que se escapaban de su comprensión.

Eran las siete y media de la tarde cuando pulsó el timbre de la sencilla casa azul, ubicada en la Rue de la Lune, 17.

Después de un momento, escuchó el sonido de unos pasos que se aproximaban con lentitud. Se abrió la puerta.

Gloria se le quedó mirando un momento. Luego sonrió.

—Pasa —dijo— y dando media vuelta, se dirigió al comedor apoyándose en su bastón. Se sentaron junto a la mesa camilla. Ambos se observaron con interés, antes de iniciar la conversación.

—Me alegro de que hayas venido —dijo Gloria.

—Gracias, no estaba seguro, pero al final, bueno… aquí estoy.

Los ojos de aquella mujer le desconcertaban. Eran tan

profundos como los de un felino, pero, curiosamente, no producían temor, sino confianza.

—¿Qué ocurre Karl?

Era la primera vez que le llamaba por su nombre. Él no recordaba habérselo dicho. Trató de no pensar en ello y le explicó con todo detalle el encuentro con el niño en el zoológico de Servión.

Cuando acabó el relato, la anciana se quedó un rato pensativa. Metió la mano en el bolsillo de su falda y sacó la bolsa que Karl ya conocía. Con varios movimientos extraños lanzó los blancos huesecillos sobre la mesa. Lo hizo tres veces. Luego los recogió y miró a Karl.

—Ese niño vino, porque tú le llamaste. Hiciste una conexión —dijo.

Karl guardó silencio.

—Tal como me dijiste, después de ver a aquel chimpancé tuviste una fuerte sacudida emocional. Ya te expliqué que un latigazo emocional, sobre todo si viene desde el ombligo, tal como te pasó a ti, puede hacer que se desplace el centro de transposición, aunque sea levemente, y hacer que conectes con energía de diferentes aspectos... por ejemplo la de un niño.

—Vamos Gloria, eso no puede ser, era un niño de verdad.

—¡Claro que era un niño de verdad! ¿Recuerdas nuestra anterior conversación? ¿Te acuerdas de que te hablé de que una mesa también es «de verdad», pero que sin embargo es pura energía llena de vacíos? Un físico cuántico sabe que la mesa en realidad no es sólida, pero nosotros la vemos así.

—Entonces, ese niño, ¿qué era exactamente y qué hacía allí?

—Tú pediste ayuda al Universo. Te sentías la persona más miserable del mundo y sin embargo querías salir de esa situación.

Miró atentamente a Karl con aquellos ojos azabache.

—He consultado al uaipú y sus huesos me lo han revelado. Aquel niño era un «egregor» y vino para ayudarte.

—¿Qué? ¿Para ayudarme? Pero entonces, ¿no era real?

—Sí que lo era, pero no en la forma en que estamos acostumbrados a ver a los niños.

—¿Qué es un «egregor»?

—Es una forma energética que se materializa.

—¿Una forma energética? Gloria, yo no puedo creer en eso.

—¿Por qué te extrañas tanto?... Todos somos energía. Tú también. Es lo que nos constituye. ¿Dónde está nuestra esencia más profunda cuando morimos? Tu cuerpo sin vida ya no eres tú. Tu verdadera energía personal, la cualidad de tu «forma energética», lo que te caracteriza y te hace único, se ha transformado. Se ha ido a otro lugar. Lo que queda de ti, tu cuerpo, también contiene una parte de tu energía, pero mucho menor y se irá transformando poco a poco.

—Gloria, por favor, eso que dice es totalmente ilógico. ¿Cómo una «cosa» inmaterial, esa «representación» de un niño, puede darme algo tan material como esto?

Metió la mano en el bolsillo de la chaqueta y sacó la piedra amarilla.

Gloria la miró cuidadosamente durante un buen rato. Luego levantó la cara hacia Karl.

—Vaya, esta es la ayuda —dijo—. Es un *Sheignem*, una piedra sagrada de una cultura muy antigua, hoy desaparecida.

Karl recordó que el niño había pronunciado aquella palabra, cuando le preguntó su nombre.

—Dices que algo inmaterial te dio eso… de inmaterial nada. Ese niño era bien material, tú le tocaste, ¿no?… le llevaste de la mano. Era tan material como tú, como yo, como la piedra.

—Lo siento Gloria, no lo puedo comprender.

—Lo sé hijo, es difícil, porque creemos que lo tenemos todo controlado, racionalizado, clasificado, pero en realidad no comprendemos nada del misterio del Universo, de la vida, de la muerte, del tiempo y de la energía. Creemos en una «realidad», la humana, y pensamos que no hay otra, pero el mundo no puede caber en nuestro limitado hemisferio izquierdo, que es el que razona y trata de explicar las cosas. El Universo es tan complejo —continuó—, tan misterioso, tan inexplicable… ¿Cómo concebimos una cosa tan básica como un nacimiento?… ¿Cómo aparece un niño en el cuerpo de una mujer? ¿De dónde viene? ¿En qué momento aparece su espíritu? ¿Cómo solo el cuerpo, sin la intervención de la voluntad o la razón de la madre, puede hacer ese milagro? ¿Quién lo crea? ¿La vida?, y ¿qué es eso que llamamos vida?

Karl no sabía qué decir, solo la miraba.

—Creemos que lo sabemos todo y no sabemos nada. Estamos llenos de orgullo y vanidad. Lo importante es que ese Ser vino para ayudarte. Pudo ser impulsado, además de por tus ganas de cambiar, por el deseo y el amor de tu madre. Podría ser un «aliado» suyo, un impulso de su naturaleza protectora hacia ti.

—¿Y cómo puede ayudarme?

—Esa piedra es muy importante. Es la clave de todo. ¿Qué haces con ella? ¿Dónde la guardas?

—Pues normalmente la dejo encima de la repisa del comedor.

—Tienes que colocarla debajo de la almohada. Dormir con ella cada noche. Puede pasar mucho tiempo, pero un día vas a tener un cambio trascendental. Vas a recordar algo que está muy oculto dentro de ti.

43

Ginebra, 1988.

Cuando Michel llegó a Ginebra desde Montreal, se enteró de que la Suisse Romande estaba haciendo una pequeña gira por Francia. A pesar de las ganas que tenía de ver a Ra, casi se alegró de que estuviese fuera, porque los tres días que tenía de pausa antes de irse a Japón, necesitaba invertirlos solo en descansar. No hacer absolutamente nada, no hablar con nadie, ni siquiera pasear. Únicamente le apetecía estar tumbado y en silencio. Estaba agotado. Nunca se había sentido así.

Su cuerpo se comportaba de manera extraña. Sus manos muchas veces mostraban un temblor casi imperceptible, pero él las conocía bien y sabía que aquel hormigueo interno era algo que antes no le ocurría. También su mente estaba exhausta. Podía concentrarse sin problema durante el concierto, pero cuando terminaba le invadía una sensación de vacío, que le impedía tener una conversación normal o responder a preguntas. Dejó de conceder entrevistas, recibir a personas en el camerino o asistir a fiestas en su honor, para desesperación de Peter.

Era casi la hora de cenar, no tenía fuerzas para salir y buscar un restaurante. Se preguntó si sería capaz de soportar la gira de veintidós días por Japón. Luego tenía tres conciertos en Londres y dos en Lisboa. Después de eso podía descansar casi un mes en Ginebra.

Cogió el móvil y llamó a un restaurante chino que llevaba la comida a casa.

Pensó en llamar a Ra, pero imaginó que quizá a esa hora la orquesta estaría tocando o cenando en ¿París?, ¿Niza?, ¿Estrasburgo? Si intentaba localizarla y no lo conseguía, la poca energía que le quedaba acabaría de esfumarse. Además, no sabía muy bien qué decirle. La última vez que habían hablado, ella le había colgado llorando.

Aunque nunca había perdido del todo la esperanza, empezaba a hacerse cada vez más evidente que su relación con Ra era prácticamente imposible. Sería una pérdida que le dolería en lo más profundo, ya lo estaba haciendo, solo de pensarlo tenía el corazón encogido. Le encantaba aquella mujer alegre y de apariencia frágil, pero en realidad poderosa e inteligente. No se había sentido así con nadie, pero el precio por tenerla era ni más ni menos que su carrera. «Un precio desesperadamente alto» —pensó. Si dejaba de dar conciertos, ¿en qué se convertiría? ¿Qué otra cosa podría hacer? Ni siquiera era capaz de concebirlo.

Sonó el teléfono. Miró el número. Eran sus padres. Decidió no cogerlo, ya les llamaría al día siguiente. Oyó el recado de su madre en el contestador:

—Michel, hijo, ¿dónde andas?... Se supone que tenías que estar en casa. Quizá has salido a cenar. Te he llamado al móvil, pero no está operativo. Por favor, cuídate mucho. Tu padre y yo estamos preocupados por la vida que llevas. Nos encanta, pero debes estar agotado. Ahora que lo pienso, quizá estás ya durmiendo. No te molesto más. Llama mañana temprano, por favor, tengo tantas ganas de oírte… tu padre te manda un abrazo y también Claire, que está muy orgullosa de ti. Te va siguiendo a través de las redes sociales. Bueno, adiós cariño. Un beso enorme.

En aquel momento sonó el interruptor de la puerta del jardín, con su característico intervalo de tercera menor.

—¿Sí?

—*Señol*, su comida.

—Gracias, le abro.

Un simpático joven oriental le sonreía, sosteniendo una gran caja de cartón cuando abrió la puerta. Michel le dio las gracias, pagó y añadió una buena propina, que el chico agradeció con una reverencia. Entró en casa y se tomó la cena en silencio. Después se sirvió un whisky y sacó el libro que estaba leyendo: la autobiografía de Wagner. Al cabo de quince minutos se quedó profundamente dormido en el sofá.

La orquesta de la Suisse Romande estaba aquel día en París. Habían tenido concierto de tarde en el magnífico auditorio de la Philarmonie y habían obtenido un éxito arrollador. El programa era íntegramente de compositores franceses: Ravel, Dukas, Debussy y Bizet.

Al terminar el concierto, Yuri le comentó a Ra:

—Hoy ha ido todo perfecto. La orquesta ha disfrutado, y cuando los músicos disfrutan el público también lo hace, yo notaba un *feedback* importante.

—Y tanto —dijo Ra—. Me he sentido totalmente volátil, como un pájaro. Todo salía fácil. Los compositores franceses comparados con el señor Wagner son «música ligera».

Ambos rieron. Se respiraba buen humor entre sus compañeros, mientras recogían. Stein les había felicitado y les había dado la noche libre, ya que al día siguiente no tenían que tocar. La mayoría volvería al hotel, donde les tenían preparado un menú especial a un precio razonable.

Yuri se acercó a Ra.

—Oye, para lo poco que vamos a estar en París, es un pecado irnos ya al hotel. ¿Qué te parece si nos perdemos un poco tú y yo por el barrio bohemio y buscamos un restaurante bonito para cenar?

Ra, sin pensárselo ni un momento, le gritó:

—¡Oh yeah! Yuri. Totalmente de acuerdo. ¡Abajo la monotonía y la rutina! ¡Viva la libertad, yuhuu!

Los dos rieron y se abrazaron.

Salieron de la Philarmonie y fueron directamente a Montmatre, tenían ganas de pasear por el barrio donde habían vivido los mejores artistas del siglo XX: pintores, compositores, cantantes...

Montmatre les pareció delicioso. Al atardecer, las antiguas farolas de hierro teñían de amarillo—ocre los viejos cafés y las pequeñas tiendas de las que Ra se enamoró enseguida.

—Mira Yuri, mira que vestidos más preciosos. Y esa rebeca azul, no he visto en mi vida un color tan bonito.

—¿Te gusta?

—Me encanta.

Yuri, sin darle tiempo a reaccionar, cogió de la mano a Ra y la llevó al interior de la tienda. Se dirigió a la dependienta en su elegante francés con un leve acento ruso:

—Buenas tardes señorita, queremos ver esta rebeca azul. Es para mi amiga.

—¡Yuri!, no...

—¡Ra!, sí. Yo te la quiero regalar.

—Por favor Yuri, no puedo aceptarla.

—¿Por qué no?, anda pruébatela.

La rebeca le quedaba perfecta. Le otorgaba una luz especial a su cara y parecía aún más guapa. La dependienta y Yuri la miraban sonrientes.

—Nos la quedamos —dijo él.

Cuando salieron de la tienda, Ra le abrazó emocionada.

—Gracias, gracias Yuri.

Ninguno de los dos supo muy bien cómo fue, pero se encontraron en un beso largo y cálido, que les llevó a otro tiempo en que se habían amado.

Se miraron a los ojos y se volvieron a besar.

Abrazados, caminaron por las bellas calles de aquella ciudad embrujadora, que quizá por eso había hecho posible ese reencuentro inesperado.

Cenaron en un tranquilo restaurante una refinada cena francesa, regada con un vino excelente, y luego caminaron cogidos de la mano hasta el hotel.

Cuando llegaron al primer piso, donde estaban las habitaciones, Yuri miró a Ra cariñosamente sujetándola por los hombros:

—Durante estos tres años no ha habido un solo día en que no pensase en ti. No he dejado de quererte y, aunque he buscado mil maneras de borrar tu imagen de mi mente, no he conseguido hacerlo.

Se acercó a ella y le susurró al oído:

—Me muero por dormir contigo esta noche.

—Yuri, a mí también me gustaría, tengo la sensación de que hemos recuperado algo muy bonito que habíamos perdido.

Rozó suavemente sus labios con los de Yuri.

—Pero tenemos un problema, yo estoy en una habitación compartida. ¿Tú tienes una individual?

—Bueno —dijo él dando vueltas a su alrededor y agitando los brazos imitando a un pavo—. Son las ventajas de ser el concertino.

Se dieron un encendido beso y entraron abrazados en la habitación.

44

Londres, otoño de 1992.

Amanece. Estoy en un hotel de Londres. Hace rato que estoy despierto... La luz que empieza a filtrarse por la pequeña ventana de la habitación, me provoca una inquietud desconocida y tensa. Es domingo y la ciudad todavía duerme. El silencio se va abriendo paso, denso y oscuro... Está lleno del peso del vacío y el vacío no tiene color.

Tengo la extraña certeza de que algo muy importante ha cambiado en mí esta noche. Sé que no soy exactamente yo quien permanece quieto con la vista fija en el techo y una sensación de profundo malestar en el estómago. Hay un punto que me quema en la espalda. Un latido rítmico que va penetrando cada vez más profundamente, hasta tocarme el corazón.

Me levanto de la cama penosamente y voy hacia la ducha. El agua muy caliente parece que me ayuda a desprenderme de esa segunda piel pegadiza que está incrustada en mi cuerpo y me produce la sensación de una anestesia.

Cuando salgo de la ducha me siento mejor. Descuelgo el auricular y pido el desayuno.

Hoy tengo el último concierto en Londres. Los dos anteriores han sido un éxito absoluto. El de esta tarde también lo será. Todas las entradas están vendidas. Me espera un auditorio repleto de público expectante. Ahora estoy agotado, pero cuando salgo al escenario, escucho la ovación del público y el intenso silencio que se crea después, me transformo. Dejo que mi cuerpo tome la iniciativa, él sabe cómo manejar la situación.

Pero ahora mismo me siento muy solo. Pienso en Ra. ¿Qué estará haciendo? Hace meses que no sé nada de ella. Ya ni siquiera hablamos por teléfono. Se ha perdido toda relación. Los dos hemos visto que lo nuestro era demasiado difícil, a pesar del profundo y apasionado amor que nos tenemos.

Durante la gira en Japón, en los momentos que tenía libres la añoraba tanto, que he compuesto una pequeña pieza para ella. Solo son cuarenta compases, pero el tema me gusta mucho. Es delicado, pero con intensidad, como ella. La he titulado: «Un sueño para piano». Lo que ella es para mí. Desde aquí puedo ver la partitura manuscrita. ¿Por qué pienso tan intensamente en ella en este momento?

Unos golpes en la puerta.

—Míster Loupin, *your breakfast, sir.*

Una joven camarera me trae la bandeja con el desayuno continental. Le doy las gracias y se retira con una sonrisa de amabilidad.

Desayuno con tranquilidad, mientras echo una ojeada al periódico que va incluido en el menú.

Cuando estoy casi terminando, suena el teléfono móvil. Miro quién es, el corazón me da un vuelco. Es ella...

—Ra, ¡qué sorpresa!

—Hola Michel.

—Cuánto tiempo sin oír tu preciosa voz.

—Perdona que te llame tan temprano, quizá aún estás medio dormido.

—En absoluto, ya he desayunado y no te lo vas a creer, pero en este momento estaba pensando en ti… desesperadamente.

Silencio.

—Tengo un regalo que me hace mucha ilusión que oigas. Te he compuesto una pieza. Solo para ti.

—¿En serio? Me vas a hacer llorar. ¿Cómo se llama?

—«Un sueño para piano». Dedicado a la gran violinista Raquel Buffetti —dijo impostando la voz.

—Gracias Michel, te lo agradezco de corazón. Me encantará escucharla.

Se hace una pausa. Noto que Ra está tensa. Puedo sentir en su voz una seriedad desconocida.

—Michel, te llamo a esta hora, porque tengo que darte una muy mala noticia.

—¿Qué pasa Ra? —una oscura inquietud se apodera de mí.

—Esta noche ha muerto Prodini.

Es como si un mazo de hierro golpease mi cabeza. No digo nada. No puedo decir nada. Me viene a la mente su silueta cansada alejándose de la HEM la última vez que le vi. Ni siquiera he podido decirle adiós. Con todo este teatro en que se ha convertido mi vida, llevaba mucho tiempo sin pensar en él. Con todo lo que me ha dado. Mis ojos están húmedos y mis manos tiemblan.

—Michel, ¿estás bien?… —la voz de Ra denota preocupación.

—Sí —miento—. Bueno… más o menos. Me siento confundido, no me lo esperaba. ¿Cuándo es el entierro?

—Mañana.

—No podré ir.

—Ya me lo imaginaba. No te preocupes, él lo entendería, también fue concertista.

Hago una sonrisa inaudible.

—Michel...

—¿Qué?

—Aún hay otra cosa.

—¿Más?

—Sí. Sabes que hace ya meses que Horst Stein nos anunció que dejaba la orquesta...

—Sí, algo sabía.

—Pues a Yuri no le gustó nada, él es un gran admirador de Stein. Cuando se enteró empezó a mover cables. Le han ofrecido la plaza de concertino en la Filarmónica de Nueva York.

—¿Ah sí? Me alegro mucho por él.

—La condición que puso para aceptar el puesto es que yo estuviese también en la orquesta. Me voy con él.

El estómago se me encoge y apenas puedo respirar. De mi boca no sale ni una palabra. Noto la mano que coge el teléfono dura y atenazada. Las lágrimas brotan incontrolables y me impiden hablar. Noto que Ra también llora.

—Lo siento Michel —dice entre sollozos.

Logro con un esfuerzo terrible mascullar unas palabras:

—Adiós Ra. Buena suerte.

Cuelgo y me derrumbo sobre la cama sollozando compulsivamente. Mi cuerpo se llena de espasmos y el pecho me duele con una presión que me traspasa. Estas dos noticias me han reducido a cenizas. Es un sufrimiento atroz, que me quema por dentro.

Suena el teléfono. Es Peter. No descuelgo y sigo llorando.

45

Lausana, invierno de 1993.

He vuelto a Lausana, la pequeña ciudad donde nací. Estoy sentado en un café de la plaza de Saint François. Tengo todavía algo de tiempo antes de ir a la consulta del Doctor Gilbert, un amigo de la familia al que hace años que conozco. Le he pedido que me ayude, porque mi situación hace ya meses que es insostenible.

Después del desplome de Londres, mi estado físico y mental ha empeorado claramente. En el último concierto en Lisboa tuve dificultades para terminar las dos últimas piezas y necesité permanecer en el camerino más de tres horas, sin fuerza para moverme. Peter estaba realmente preocupado y abatido. Él mismo me aconsejó que consultara a un médico y el Doctor Gilbert es el que me inspira mayor confianza. Somos amigos y, como gran aficionado a la música clásica, no se pierde ninguno de mis conciertos, cuando toco cerca de Lausana. Hace dos semanas me hizo una serie de pruebas. Hoy me ha citado para darme el resultado.

Llego a su consulta de la Rue de Bourg y llamo al timbre. La puerta se abre automáticamente. Me dirijo al mostrador donde se encuentra la secretaria.

—El Doctor Gilbert le está esperando, *monsieur* Loupin.

—Gracias.

Entro en el despacho. Louis se levanta de su sillón, viene hacia mí y me abraza. Noto que no está relajado.

Nos sentamos. Veo en su mirada algo que no había notado nunca en él. Un punto de profunda tristeza nubla sus ojos, mientras pronuncia aquella fea palabra:

—Catatonia...

El sonido se me clava en el estómago como un puñal. Noto que mis manos se ponen rígidas y tengo dificultad para respirar.

Con un hilo de voz me oigo decir:

—Louis, explícame un poco más, por favor.

—Pues es un síndrome caracterizado por problemas de movimiento, asociados a desajustes mentales. Es una especie de esquizofrenia Michel, una enfermedad muy grave. Sus síntomas principales son: bloqueo físico, mutismo, inmovilidad, rigidez.... No sabemos exactamente qué la provoca y los tratamientos farmacológicos en algunas personas pueden llegar a funcionar y en otras no. Se piensa que este síndrome puede originarse en una respuesta corporal excesiva al temor, en personas que están bajo un severo estrés emocional y físico. Una respuesta de miedo primitivo, similar a la estrategia de defensa de algunos animales cuando se enfrentan a un peligro inminente.... pero es una enfermedad bastante misteriosa y difícil de controlar. Podemos empezar por un tratamiento a base de benzodiacepinas, pero, en general, el proceso del síndrome tiende a aumentar y tendrás cada vez más dificultades para controlar tus movimientos. Siento profundamente tener que decirte que desde un punto de vista médico es muy difícil, por no decir imposible, que puedas seguir dando conciertos... lo siento muchísimo Michel.

Salgo de la consulta y camino por las calles de Lausana sin rumbo. Vuelvo a sentir el zumbido de abejas en el interior de mi cabeza y los pies no pueden seguir el impulso que late por todo mi cuerpo. Quiero correr, pero me siento enormemente pesado y torpe. Herido de muerte, hundido...

Durante los últimos meses, los síntomas habían ido aumentando progresivamente. Lisboa fue la prueba final. Ahora sé que lo que sentí aquella noche en Londres era el principio del fin.

En este momento, solo imaginarme saliendo al escenario delante de un auditorio repleto y expectante me crea una inseguridad que se convierte en terror. El miedo del que hablaba Louis me ha calado hasta el fondo y ha encontrado refugio en mi interior.

Me miro las manos... tiemblan, están asustadas... ellas tan seguras, tan poderosas, muestran una fragilidad que me llena de espanto. ¿Quién soy? ¿Qué me pasa? ¿Hacia dónde va mi vida a partir de ahora? Las lágrimas inundan mis ojos y se desbordan incontroladas como una cascada imparable.

No quiero que me vean llorar. Me adentro en un paraje solitario junto al lago. Permanezco inmóvil mirándolo. Él está tan quieto como yo, al menos aparentemente. Empieza a oscurecer, la silueta iluminada del castillo de Ouchy se refleja en el lago cada vez más oscuro y profundo. Sus aguas inquietantes me atraen ahora como la única medicina capaz de calmar mi profundo dolor, el vacío de mi cuerpo sin fuerza y sin alma.

La música... ese ser vivo de múltiples caras, ya no volverá a ser acariciado por mis dedos. La música, esa seductora que adoro más que nada en el mundo, que me calma, me arrebata, me transforma y me enloquece... es ya una extraña para mí.

Yo, Michel Loupin, el triunfador, el admirado por el público, el reclamado para tocar en todo el mundo, es ahora mismo un pobre y desvalido ser humano, sin perspectiva, sin futuro, lleno de miedo y desconfianza. Una luz que se apagará, como un faro al que se le ha fundido la resistencia.

De pronto se ha hecho el silencio, el silencio negro del vacío. No oigo nada... no existe el ruido, ni el sonido, ni los susurros, ni el viento meciendo las hojas de los tilos... solo ese zumbido en el interior de mi cabeza y una sigilosa niebla que se va abriendo paso desde la superficie del agua.

La bella ciudad que tanto amo se ha parado de golpe, como un reloj que ha gastado su último segundo. Hasta la luz de las farolas desaparece... todo es oscuro: yo, las aguas, el lago, la vida...

Pienso en Prodini, en todo lo que me ha dado. Él me ha hecho como soy, él me ha enseñado a mirar en mi interior, no en lo que me rodea. Gracias a él han surgido de lo más profundo de mí, poderosos enigmas que ni yo mismo podía sospechar y que me han conducido a una total transformación musical y psíquica. El Michel Loupin que el público conoce es su obra. Él sí que es un verdadero artista. Se despidió de mí en su último abrazo y yo ni siquiera pude decirle adiós. En este momento, sí que me gustaría decirle: «¡Gracias profesor, hasta siempre!».

Pienso en Ra, ese amor imposible que, como todo ahora, se me ha escapado de las manos, después de tenerlo tan cerca. La he perdido a causa de algo que ya no existe, mi carrera, mi música. Sé que ella piensa en mí. Hace unos meses recibí una carta suya. Me decía que era feliz en Nueva York, había empezado a estudiar musicoterapia y estaba embarazada de Yuri. Yo también le deseo lo mejor, a pesar del dolor que me consume por dentro.

Vienen a mi cabeza mis padres, Selene, Jacques, tan orgullosos de mí. El amor que me tienen es limpio como el cristal; puedo imaginar el terrible golpe que sería para ellos que yo desapareciese. Pero yo ya estoy muerto, si no puedo seguir tocando, aunque camine por las calles y salude a la gente. ¿Qué me espera? ¿Ir quedándome paralizado poco a poco? ¿Unas manos inservibles, incapaces de sostener ni un tenedor? ¿Estar sentado, quieto en mi casa, sin esperar nada, sin poder hacer nada? ¿Podría llamar a eso vida?

Miro por última vez las profundas aguas de ese lago tan familiar. Me atraen como el último refugio de mi niñez. Quizá él es ahora mi único amigo, el amigo que puede darme el terrible consuelo que necesito: la muerte.

Reúno las últimas fuerzas que le quedan a un cuerpo agotado e inservible y salto al vacío...

46

Es el viaje más largo de mi vida. Las negras aguas me acogen con su frío abrigo de muerte y me hundo poco a poco, lentamente... como un maravilloso adagio del gran Bach...

Alguien me ha visto caer...

A los quince minutos llega la policía y una ambulancia. Con una Zodiac sacan mi cuerpo del agua. Sé que estoy muerto. Mi cara está morada de frío y mis manos ya no son mis manos, cuelgan sin fuerza a los lados del cuerpo... Todo ha acabado.

Ya no oigo el zumbido en mi cabeza, solo el pesado silencio del vacío... y de pronto siento un terrible dolor en el pecho... Entonces me despierto...

El sudor me cae a chorros por la cara, a pesar de que la habitación está helada. Me incorporo bruscamente y me quedo sentado en la cama. No sé dónde estoy. Miro a mi alrededor despacio... conozco esta habitación, es mi cuarto en el interior de la relojería.

Mi cuerpo está temblando y me cuesta respirar.

Tal como predijo Gloria, de pronto lo he recordado todo. Hasta el más pequeño detalle de todos estos seres que durante años han vivido en mi interior: Michel Loupin, Ra, Prodini, Peter, Yuri, Selene, Jacques, Desi, Martine... Incluso Gloria Luján, en este momento no sé si forma parte de esa extraña realidad o está viva realmente.

Lo que sí sé es que he llegado a conocer su intimidad más profundamente de lo que he conocido a nadie en toda mi vida. He podido sentir lo que ellos sentían y vivir cada momento de su propia existencia. Pero, ¿es posible asumir algo así?... Todo es tan confuso... mi cabeza parece que vaya a estallar...

Sin embargo, la realidad es que yo he vivido en ese mundo paralelo, con una intensidad fuera de toda duda. ¿Es posible que, tal como me explicó aquella misteriosa mujer, yo, Karl Heinzel, un humilde relojero, sea capaz de penetrar en otras realidades? ¿Puedo vivir existencias que no son la mía, con tan enorme plenitud y persistencia?... ¿Cómo ocurre tal cosa?... ¿Mi mente está trastornada?...

Pongo mi mano en la frente, está ardiendo y a la vez empapada de un sudor frío y denso.

Me incorporo y apoyo la espalda en la pared. El frío de la habitación me penetra como un cuchillo, pero busco un orden en el torrente vertiginoso en que se ha transformado mi percepción. Trato de calmarme respirando con lentitud.

Sé que todos esos seres a los que he llegado a conocer tan profundamente forman parte de mí, pero, ¿ellos son yo o yo soy ellos?

Como Gloria misma diría, todas esas personas no están solo en mi imaginación. En alguna parte que yo desconozco, existen, tienen su propia vida, su «realidad», con la que yo me he cruzado sin saber cómo. Sé que yo no puedo haberlos creado. Quizá incluso ellos me han creado a mí... Pero hay algo que es seguro: ya no me siento tan solo. Quizá ellos han vivido todo este tiempo en mí para curarme.

En los últimos meses, los sueños, aunque seguía sin poderlos identificar, no han sido tan aterradores como antes. El rostro de mi madre muerta hace ya mucho tiempo que desapareció, pero el zumbido en la cabeza y el dolor en la espalda se han manifestado siempre.

También la música. Aquella música misteriosa cobra ahora todo su significado. Aquel piano imposible que escuché en el Metropole, y que me transformó.

¿Pero cómo es posible que yo fuese al concierto de un pianista que no existe? ¿Y además me afectase tan profundamente?

Sé lo que diría Gloria, que aquel recital maravilloso existió... porque yo hice una conexión, transposición o como quiera llamarlo. Lo mismo que llamé al niño y apareció en el banco de enfrente. No le vi llegar. No le vi irse... pero estuvo conmigo y me hizo sentirme más feliz de lo que había estado en toda mi vida. A partir de él todo mejoró. Aquel regalo...

Me revuelvo impulsivamente y busco la piedra. Allí está el *Sheignem*, debajo de la almohada, como cada noche desde hace años.

La pongo en la palma de mi mano. La bella piedra está más caliente que nunca y su brillo es especialmente intenso. La observo durante mucho rato y la aprieto amorosamente. Me va invadiendo una paz, tanto tiempo postergada, que creía que ya no era posible sentirla. También mi mente se va llenando de una nueva claridad. Todo lo que antes era inconexo, confuso, caótico, cobra un sentido.

Ahora entiendo el sobresalto y la confusión que sentí cuando me encontré con Ra y Yuri aquel día en la plaza Palud y después en el concierto del Metropole... Formaban parte de mí. Vivían gracias a mi sueño, a mi «conexión». De alguna manera, ellos también lo sabían...

Son las seis y doce minutos. Tengo que levantarme para abrir la tienda. Pero antes hay algo que necesito hacer.

Me visto apresuradamente y me dirijo hacia el lago. El eco del sonido de mis zapatos golpeando frenéticamente los adoquines me persigue como una sombra. En una de las húmedas orillas, cerca del embarcadero, hay un movimiento inusitado. Varios coches de policía, una ambulancia y un grupo de miembros de la Cruz Roja suiza, están contemplando el cuerpo de un hombre que yace en el suelo. Observo a distancia la llegada de un coche gris. El chófer abre la portezuela y surge una persona elegantemente vestida, a quien todos saludan con respeto. Deduzco que debe ser el juez que se encargará de tomar declaración y hacer el acta, antes de que puedan levantar el cadáver.

La noche es impenetrable y el frío me cala hasta los huesos. Todo mi cuerpo tiembla. Con un tremendo esfuerzo me dirijo hacia el grupo. Un policía me sale al encuentro y me dice que no puedo acercarme más. Le pregunto por lo que ha ocurrido. Me dice que una persona ha caído al lago.

—¿Han podido identificarla?

—Sí —me contesta amablemente el policía—. Es un músico famoso: Michel Loupin, un gran concertista de piano. Una verdadera tragedia.

Estoy a punto de derrumbarme, el agente me sujeta por el brazo.

—Es mejor que se vaya a casa señor, está usted temblando, ¿se encuentra bien?

Con un hilo de voz, me oigo decirle que sí.

Miro un momento el cadáver antes de irme. Michel aún tiene sus bellos ojos grises abiertos y junto a su boca hay un pequeño charco de agua viscosa. Siento que esa mirada se cruza con la mía.

Doy media vuelta y me sumerjo en la gélida noche, alejándome de aquel lugar, que me encoge el estómago y apenas me deja respirar. En la penumbra amarillenta de una farola distingo un banco solitario. Me derrumbo sobre el asiento y cierro los ojos.

Así pues, todo era verdad. Michel Loupin existe, acabo de verlo morir, y su muerte ha logrado despertar mi conciencia; y de igual manera deben existir todas aquellas personas que formaban parte de su vida, a las que he llegado a conocer tan íntimamente.

No tengo respuestas ni fuerzas para preguntarme nada más. Solo sé que el ser humano es un misterio insondable y nuestro psiquismo una fuente inagotable de posibilidades desconocidas. Yo mismo soy un verdadero extraño para mí. Ha tenido que venir una anciana desde el otro extremo del mundo para hacerme comprender que soy un ser especial. ¿Un místico? ¿Un iluminado? ¿Un enfermo?... No lo sé, pero ahora puedo llegar a intuir que todo es posible.

Sé que yo hubiese sido un gran pianista. Mis manos tienen poder. Saben arreglar mecanismos de alta precisión y la música es para mí el único salvavidas de mi existencia...

De improviso, algo llama mi atención, un papel que ha caído debajo del banco. Lo recojo con cuidado. Es una pequeña partitura manuscrita. Tiene cuarenta compases.

Miro la firma: Michel Loupin. El título: «Un sueño para piano».

Mis ojos se llenan de lágrimas. La luz de las farolas se hace líquida y transparente. La espesa niebla sigue envolviendo el viejo y misterioso lago, mientras la primera claridad del alba va surgiendo desde el silencio.

—Gracias maestro. Gracias por este último regalo.

Estrecho la partitura contra mi pecho y me invade una serenidad desconocida y plena.

Vuelvo a casa bordeando el Lemán. Los árboles empiezan a reflejar su silueta tímidamente sobre las oscuras aguas. Voy despacio, tratando de asimilar emocionalmente lo ocurrido, sin embargo, no hay pensamientos. Mi mente es una gran extensión de éter flotando en un vacío azul.

Dejo la partitura con cuidado sobre la mesilla de noche y me derrumbo sobre la cama.

De ese vacío de mi mente surge un solo pensamiento:

—Mañana, cuando el sueño me venza, ¿con qué nueva realidad voy a encontrarme?

Me sorprendo a mí mismo, al tomar conciencia de que esa pregunta ya no me importa. La única cosa que sé es que yo, Karl Heinzel, el humilde, el solitario relojero, tengo un precioso don. Soy capaz de vivir en dos tiempos simultáneos. En dos dimensiones, en dos realidades. Varios mecanismos que funcionan sincrónicos y que, como las figuras del reloj de la plaza Palud, se mueven automáticamente, implicando a todos en el misterio de la existencia.

Ahora comprendo que mi vida es como una fuga de Bach. Diferentes voces, distintos «motivos» paralelos, que confluyen en los «estrechos» para llegar a un maravilloso final.

El sublime control de una locura.

FIN

PLAY LIST

1.	*El CLAVE BIEN TEMPERADO*	**J. S. Bach**
2.	*TRES MOVIMIENTOS DE PETRUSHKA*	**Stravinsky**
3.	*VARIACIONES GOLDBERG*	**J. S. Bach**
4.	*SONATA EN SI b, Deutch 960*	**Schubert**
5.	*POLONESA EN LA b Op. 53*	**Chopin**
6.	*PARTITA EN RE m BWV 1004*	**J. S. Bach**
7.	*CONCIERTO PARA VIOLÍN EN MI*	**J. S. Bach**
8.	*EL MOLDAU*	**Bedrich Smetana**
9.	*PRELUDIO A LA SIESTA DE UN FAUNO*	**Debussy**
10.	*NOCHE TRANSFIGURADA*	**Shöemberg**
11.	*SONATA EN SI m*	**Franz Liszt**
12.	*SUITES PARA TECLADO HWV 426*	**Händel**
13.	*SONATA K 30*	**Domenico Scarlatti**
14.	*SUITE Nº 1 EN SOL m*	**Henry Purcell**
15.	*SERENATA (EL CANTO DEL CISNE)*	**Schubert**
16.	*LA ALONDRA ELEVÁNDOSE*	**Vaugham Williams**
17.	*POLONESA Nº 1 Op. 26 Nº 1*	**Chopin**
18.	*CONCIERTOS DE BRANDEMBURGO*	**J. S. Bach**
19.	*EL ANILLO DEL NIBELUNGO*	**Wagner**
20.	*NOCTURNO Op. 48, Nº 2*	**Chopin**
21.	*NOCTURNO Op. 26, Nº 1*	**Chopin**
22.	*SONATA EN SI b m Op. 34*	**Chopin**
23.	*POLONESA Op. 53 EN LA b*	**Chopin**
24.	*CONCIERTO PARA PIANO Nº 1*	**Chopin**
25.	*CONCIERTO PARA DOS VIOLINES*	**J. S. Bach**
26.	*CUARTETO DE CUERDA EN MI b Op. 33*	**Hydn**
27.	*SIEGFRIED*	**Wagner**
28.	*CONCIERTO PARA PIANO EN LA m*	**Grieg**
29.	*CONCIERTO PARA PIANO Nº 2*	**Rachmaninov**
30.	*NOCTURNOS*	**Chopin**

Muchas gracias por leer a los nuevos talentos de la Literatura.
Espero que haya disfrutado de la lectura.

Le invito a visitar nuestras Librerías donde podrá disfrutar
de un 15% de descuento en su próxima compra.
Solo tiene que poner la palabra lector en el apartado cupón y aplicarlo.

Si prefiere leer en formato digital, se puede descargar nuestra App Gratuita
Angels Fortune Books, donde además podrá leer gratis nuestra revista literaria.

Si lo desea, también puede seguirnos en nuestra redes sociales.

Isabel Montes
Escritora y Editora fundadora
Grupo Editorial Angels Fortune

www.ingramcontent.com/pod-product-compliance
Lightning Source LLC
LaVergne TN
LVHW020316200726

843507LV00012B/2121